마음

마음

초판 1쇄 발행 | 2024년 2월 28일

지은이   용수
펴낸이   이정하
표지그림   황수연
디자인   정연경

펴낸곳   스토리닷
주소   서울시 서초구 서초대로22길 30 203호
전화   010-8936-6618
팩스   0505-116-6618
ISBN   ISBN 979-11-88613-38-0 (03220)

홈페이지   blog.naver.com/storydot
SNS   www.facebook.com/storydot12
인스타그램   @storydot
출판등록   2013. 09. 12 제 2013-000162

스토리닷은 독자 여러분과 함께합니다.
책에 대한 의견이나 출간에 관심 있으신 분은 언제라도 연락주세요.
반갑게 맞이하겠습니다.

나를 일깨우는 용수 스님의
명상 필사집 01

마음

글·용수

스토리닷

차례

들어가는 글
마음에 새기다

나쁜 생각은 물 위에 글씨를 쓰는 것처럼 마음에 남게 하면 안 됩니다. 좋은 생각은 바위에 글을 새기듯이 영원토록 마음에 두어야 합니다. 법을 마음에 새기면 필요한 상황에서 떠오릅니다. 어려움이 있을 때마다 힘과 도움이 됩니다.

필사는 명상입니다. 깨어있는 마음으로 글을 따라서 손으로 쓰면 머리에서 가슴으로 전해집니다. 진리는 이름도 형태도 없지만 글로 표현되고 글로 이해합니다. 이해에서 체험으로 오게 하는 게 필사입니다. 불교에서는 사경이라고 하죠.

필사할 때 무엇을 하고 있는지 알면서 신중히 글을 쓰면 명상이 돼서 마음에 오래 남아요.

이번 필사집을 만들기 위해 수고해 주신 이정하 대표님과 예쁘게 디자인해 주신 작가님께 깊은 감사의 마음을 전합니다. 스토리닷에서 다섯 번째로 제 책을 출간해 주셨는데 대표님 덕분에 부처님의 가르침이 보다 많은 대중에게 닿아서 빛과 힘이 되었을 것으로 생각합니다.

이 필사집과 인연이 되는 모든 분들의 마음에 깨달음의 씨앗이 심어지고 집착이 놓이는 통찰이 오기를 간절히 바랍니다. 모든 중생 행복하고 자유롭기를 기도합니다.

자신에게 친절하세요

아무 문제 없어요

잘못됐다고 생각하는 것 말고는 잘못된 게 없어요. 생각하는 대로 있기 때문입니다. 문제가 있다고 생각하면 문제가 있는 것이고 아무 문제 없다고 생각하면 아무 문제 없어요. '아무 문제 없어요. 만사에 감사합니다!'라고 외치고 오늘 하루를 살아 보세요.

성장의 암호는 역경입니다.
용기의 암호는 두려움입니다.
변화의 암호는 슬픔입니다.
힘의 암호는 좌절입니다.
사랑의 암호는 아픔입니다.
성공의 암호는 실패입니다.
깨달음의 암호는 괴로움입니다.

도망가는 것을 버리세요. 추구하는 것을 버리세요. 둘 다 제일 원수입니다. 거꾸로 하세요. 원치 않는 것을 반기고 원하는 것을 포기하세요. 괴로움을 반기고 행복은 더 이상 찾지 마세요.
　　깨달음을 잊어버리세요. 자신이 원하는 삶, 자신이 되고 싶은 사람, 몽땅 버리세요. 있는 그대로의 자신으로 깨어나세요. 여기 이 순간에 쉬세요. 애쓰느라고 너무 지쳤어요.

꿈을 버리면 꿈이 이뤄져요

행복의 유일한 길은 만족입니다. 참본성의 관문입니다. 욕망을 누리면 행복한 게 아니라 욕망이 더 커집니다. 욕망의 충족은 괴로움을 만듭니다. 욕망이 없을 때 깊고 순수한 기쁨이 있어요. 즐거움 자체는 나쁘지 않지만 바라고 집착해서 안 좋은 겁니다.

행복의 가장 큰 장애는 바라는 마음입니다. 바랄 게 없는데 바라고 있어요. 이미 온전하고 이미 행복하고 이미 지혜로운데 자꾸 바라서 이미 행복하다는 것을 모르는 거예요.

영원한 행복이라는 꿈을 꾸고 살아요. 꿈을 온전히 버리면 꿈이 이루어져요. 만족하면 감사하고 행복하고 바라지 않지만 복이 찾아와요.

평소처럼

용기는 '평소처럼'입니다. 몸이 안 좋아도 평소처럼 할 일을 하고 마음이 안 좋아도 평소처럼 친절하고 어떤 일이 있어도 평소처럼 앞으로 나가는 겁니다.

우리의 가능성은 무한합니다. 그 연결 통로는 용기입니다. 모든 어려움을 도움이 되게 만드는 게 용기입니다. 그 어떤 어려움도 너무 신경 쓰지 않고 평소처럼 움직이는 게 용기입니다.

에고의 죽음

우리는 늘 자신과 삶과 투쟁하고 살아요. 만날 힘들어하고 뭔가 잘못
됐어요. 그 본질적인 이유는 받아들이지 못해서입니다. 수행이 자신
을 고쳐줄 줄 알아요. 고쳐주지 않으니까 절망하고 다시 노력하고 절
망합니다. 반복해서 노력하고 절망합니다.

　　자기 계발은 에고를 위한 수행입니다. 진정한 수행은 노력이 아니
라 수용입니다. Doing이 아니라 being입니다. 목격하는 것도 관찰하
는 것도 아니라 쉬는 겁니다. 에고의 죽음입니다. 생각의 소멸입니다.
더 이상 투쟁하지 않고 그냥 사는 겁니다.

기도란?

기도란 무엇일까요? 이생에 대한 집착 즉 욕심으로부터 마음을 돌리고 수행으로 즉 출리심으로 마음을 향하게 하는 겁니다. 자기집착 즉 이기심으로부터 마음을 돌리고 자비심 즉 보리심으로 향하게 하는 겁니다. 산란하게 하는 모든 현상으로부터 마음을 돌리고 알아차림 즉 마음의 본성으로 향하게 하는 겁니다.

순수한 동기와 의도를 만드는 게 기도입니다. 절에 가서 새벽기도를 참석하더라도 이런 동기를 만들지 않으면 기도를 잘못하는 것이고 산에 가서 등산하면서도 이런 동기를 만들면 기도를 잘하는 겁니다.

남자친구가 생기게 해달라고 돈 벌게 해달라고 자식이 서울대에 가게 해달라고 하는 것은 기도가 아니라 욕심입니다. 진정한 행복의 원인인 알아차림과 보리심, 순수한 마음과 깨달음을 갖게 하소서, 가지겠습니다. 이게 기도입니다.

말보다 행동

가장 높은 가르침은 자신의 삶입니다.

가장 좋은 조언은 귀감입니다.

다른 사람을 행복하게 하는 가장 좋은 방법은 스스로 행복한 겁니다.

다른 사람을 변하게 하는 가장 좋은 방법은 스스로 변하는 겁니다.

다른 사람의 은혜를 갚을 수 있는 가장 좋은 방법은 스스로 깨어나는 겁니다.

자신을 만드는 것은 말보다 행동입니다.

돈도 명예도 성공도 자신을 만들지 않고 자신의 자체가 자신을 만듭니다.

우리는 에너지일 뿐입니다. 다른 사람은 우리 에너지를 직관으로 느껴요.

세상도 우리 에너지를 인정해요.

자신이 변하면 다른 사람도 세상도 변하게 합니다.

자신이 행복하면 다른 사람도 세상도 행복하게 합니다.

시간이 없어요

시간이 없어요. 우울할 시간이 없어요. 좌절할 시간이 없어요. 자괴감에 빠질 시간이 없어요. 남을 원망할 시간이 없어요. 생각을 굴릴 여유가 없어요. 욕망을 부릴 시간이 안 돼요. 과거에 빠져있을 시간이 없어요. 미래를 걱정할 시간이 없어요. 남의 일에 신경 쓸 시간이 안 돼요.

깨어 있어야 해요. 보리심을 길러야 해요. 시간이 없어요. 긴급합니다. 시간을 허비하면 안 돼요. 삶은 시간뿐이에요.

자신과 세상을 바꾸는 힘은 일념입니다. 깨달음은 최고의 헌신이 필요해요. 지속적인 알아차림이 필요해요. 사형을 기다리는 누명을 쓴 사람은 어떻게 하면 누명을 벗을 수 있는지 한 가지만 생각하는 것처럼 우리도 일념으로 수행해야 합니다.

지혜와 자비 수행

지혜는 나를 보고
있는 그대로 받아들이라고 합니다.
자비는 나를 보고
발원하고 기도하라고 합니다.
지혜는 나를 보고
생각을 버리라고 합니다.
자비는 나를 보고
생각을 깊이 하라고 합니다.
지혜는 나를 보고
광활하게 편안하게 마음을 가지라고 합니다.
자비는 나를 보고
신중히 조심스럽게 말과 행동을 하라고 합니다.
지혜는 나를 보고
사람을 너무 가까이하지 말라고 합니다.
자비는 나를 보고
모든 중생의 진정한 벗이 되라고 합니다.
지혜는 나를 보고
아무도 되지 말라고 합니다.
자비는 나를 보고
모든 중생을 구하는 보살이 되라고 합니다.
지혜는 나를 보고
항상 깨어 있으라고 합니다.
자비는 나를 보고
모든 중생을 위해 깨어 있으라고 합니다.

마음

지혜는 나를 보고
아무것도 마음에 두지 말라고 합니다.
자비는 나를 보고
선한 동기를 가지라고 합니다.
지혜는 나를 보고
집착을 버리라고 합니다.
자비는 나를 보고
관심을 가지라고 합니다.
지혜는 나를 보고
하늘처럼 되라고 합니다.
자비는 나를 보고
태양처럼 되라고 합니다.
지혜는 나를 보고
아무것도 아니라는 것을 알려줍니다.
자비는 나를 보고
모든 것이라는 것을 알려 줍니다.

우리는 자주 발원하고 기도하고 자비심을 연습해야 합니다. 하지만 자비의 실천은 지혜로 즉 비어있는 마음으로 합니다. 그 어떤 것도 마음에 두지 않고 말과 행동을 합니다.

예를 들면 강의하기 전에 순수한 동기를 만들고 확인합니다. 하지만 강의할 때는 온전히 열려 있고 비어있는 마음으로 강의합니다. 그래야 강의가 살아 있어요. 강의를 듣는 사람도 마찬가지입니다.

지혜와 자비를 같이 수행해야 합니다. 하나만 하면 그것도 구속이 됩니다. 원래 둘이 아닙니다. 지혜의 표현은 자비이며 자비의 본질은 지혜입니다.

연인관계의 3단계 아픔

1. 집착을 키우는 아픔. 집착은 아파요. 술을 취하는 것처럼 마약을 하는 것처럼 행복이라고 생각하지만 본질은 아파요. 알코올 중독자는 행복한 사람이 아니잖아요. 사랑에 취한 사람도 똑같아요. 열병을 행복이라고 착각하지만 마약중독자의 증상과 비슷해요.
2. 갈등의 아픔. 중간에는 갈등이 생겨요. 사랑이 식어서 자꾸 싸우고 상처를 주고받아요. 오래 사귀면 갈등이 생기기 마련이에요.
3. 이별의 아픔. 결국 헤어지고 추억이 아파요. 사랑의 대가입니다. 자꾸 생각이 나고 놓아주는 게 고통스러워요. 서로 안 맞고 해가 되더라도 놓아주기가 어려워요. 같이 있을 수도 없고 이별할 수도 없는 곤란한 상황이 생기는 경우가 많아요. 결혼이 그렇죠.

연인관계가 다 나쁘다는 것은 아니지만 처음에도 중간에도 끝에도 눈에 잘 안 띄는 위험과 곤란이 많아요. 한번 사랑하면 한번 아프고 10번 사랑하면 10번 아파요. 얼른 출가하세요. 그런데 출가도 장난이 아닙니다. 연인관계라고 했지만 모든 인간관계는 집착이 있어서 비슷하게 이어집니다. 집착이 없으면 아픔도 없어요.

연습으로 쉬워지지 않는 게 없어요

여러분! 우리는 아집의 달인입니다. 욕심 마스터입니다. 이기심을 터득했어요. 탐진치가 몸에 배어 있고 집착과 질투와 미움의 고수입니다. 어떻게 이런 높은 경지를 성취했을까요? 연습! 평생 열심히 연습해 왔어요. 자비명상은 많이 안 했지만 이기심명상은 평생 많이 했어요. 알아차림은 익숙하지 않지만 산란함은 엄청 익숙합니다.

　달인이 되려면 만 시간 이상 연습을 해야 하는데 우리는 백만 천만 시간, 훨씬 넘게 자기집착을 연습했어요. 잘하는 게 없다고 하지 마세요.

　우리는 항상 명상하고 있어요. 명상이라는 것은 2가지 의미가 있어요. 기른다(산스크리트어로 bhavana) 그리고 익숙해진다(티베트어로 gom). 지금도 집착과 미움을 기르고 무명과 익숙해지고 있어요.

　달라이라마 존자님 같은 위대한 스승들은 보리심의 달인입니다. 알아차림의 마스터입니다. 어떻게 그렇게 되었을까요? 연습!

　우리도 남은 삶 동안 보리심과 알아차림을 연습해야죠. 연습으로 더 쉬워지지 않는 게 없어요. 처음에는 물흐름을 역행하기처럼 어렵고 중간에는 아주 자연스러워지고 끝에는 자동, 저절로 됩니다. 지금 번뇌가 습관적으로 일어나는 것처럼 수행을 오래 하면 자비심과 알아차림이 습관적으로 일어나요.

애써서 하는 게 아닙니다

무엇을 하려고 하면 참선이 아닙니다. 무엇을 원하면 참선이 아닙니다. 무엇을 하려고 하면 무엇을 원하면 깨달음이 일어나지 않아요. 마음도 평온하지 않아요. 참선은 깨달음을 구하는 게 아니라 깨달음을 표현하는 겁니다.

일체 원하는 게 없을 때 무엇을 하려고 하지 않을 때 그냥 가만히 있을 때 마음이 저절로 고요하고 평정하고 깨달음이 저절로 일어나요. 다른 명상은 몰라도 선(禪)은 애써서 하는 게 아닙니다.

참선은 지극히 단순하고 쉬워요. 하지만 우리의 복잡한 마음에는 지나치게 단순하고 지나치게 쉬워요. 그 때문에 복잡하고 어려운 명상은 잘하지만 참선을 못 해요.

어떻게 보면 참선은 멍 때리는 것과 비슷해요. 모든 것을 버린 상태라서 비슷하지만 참선은 마음이 명징해서 달라요.

저절로 일어나는 명상, 이게 진정한 명상입니다. 이미 부처인데 할 게 뭐가 있다고 애써서 지쳐요? 선(禪)에서는 애써서 하는 명상을 절대 하지 않습니다.

자신에게 친절하세요

더 이상 인정을 바라지 않아요

우리는 세상으로부터 인정을 바라고 살아요. 바라는 인정을 못 받아서 배신을 당한 것처럼 원한과 억울함이 잔잔하게 마음에 자리잡혀 있어요. 무의식 속에 있는 원한과 억울함을 푸는 게 마음공부입니다.

인정을 바라는 이유는 자신의 가치를 알아주기를 원해서입니다. '이건 아닌데 왜 알아주지 못하지?' 하고 반 삐진 상태로 평생 살아요. 무의식적으로 자신의 무한한 가치를 알기 때문에 평생 인정을 못 받은 느낌입니다.

스스로 자신의 신성한 가치를 알아볼 때 세상으로부터 더 이상 인정을 바라지 않아요. 마음에서 일어나는 불만과 불평과 비판과 부당과 억울함을 버린 자리에 우리의 참된 가치를 알 수 있어요.

슬픔을 허용하세요

평생 슬픔과 함께 사는 사람들이 있어요. 특히 여성들이 많이 그렇습니다. 이게 나쁜 게 아니라 정상입니다. 대부분 사람은 우울한데 어떤 사람은 자기감정에 더 민감해요.

잔잔한 우울이 마음에 있어요. 자기 사는 방식이 만족스럽지 못하고 괴로워요. 여기서 슬픔이 일어나요. 삶의 패턴에서 벗어나지 못하면 우울한 삶을 살게 돼요.

우울을 안 느끼려고 바쁘게 지내고 슬픔을 외면하고 살아요. 슬픔이 나쁜 게 아니라 다르게 살아야 한다는 신호입니다. 다르게 사는 것은 불교에서 출리심, 즉 'Heart of sadness', '슬픈 가슴'이라고 합니다. 영혼이 아프다는 것을 알아차리는 겁니다.

우리는 모두 아파요. 마음의 환자입니다. 마음의 병을 고치지 않으면 조용한 절망 속에 살 수밖에 없어요. 어떤 사람은 알아차려서 다르게 살아요.

슬픔을 외면하면 아프기만 하고 슬픔에 마음을 열면 더 이상 이렇게 살고 싶지 않고, 의미 있게 보람있게 후회 없는 진실한 삶을 살고 싶은 동경이 우러나와요. 다르게 살기 시작해요.

생생하게 슬픔을 느끼게 허용하세요. 슬픔에 귀 기울여 보면 우리에게 알려줄 게 많아요.

고통이 없기를 기도하지 마세요

어려움이 없기를 기도하지 마세요.
어려움을 극복할 힘이 있기를 기도하세요.
불안과 두려움이 없기를 기도하지 마세요.
용기를 가질 수 있기를 기도하세요.
안 좋은 일이 없기를 기도하지 마세요.
안 좋은 일에서 배울 수 있기를 기도하세요.
절망과 실망이 없기를 기도하지 마세요.
포기하지 않기를 기도하세요.
넘어지지 않기를 기도하지 마세요.
다시 일어날 힘이 있기를 기도하세요.
슬픔과 우울이 없기를 기도하지 마세요.
앞으로 나아갈 힘이 있기를 기도하세요.
좋은 결과가 있기를 기도하지 마세요.
최선을 다할 수 있기를 기도하세요.
고통이 없기를 기도하지 마세요.
받아들일 수 있기를 기도하세요.

이것만 고집하세요

우리는 몸과 감정과 이름으로부터 죽어야 합니다. 이 세 가지에 대한 강박으로 엄청 고통받아요. 몸이 자기가 아닙니다. 병이 나든, 죽든 말든 걱정은 없어야 합니다. 수행하기 위해 몸을 잘 보살피는 것은 중요하지만, 몸에 대한 걱정을 버리는 게 진정한 자유입니다.

마음에서 일어나는 현상은 자기가 아닙니다. 잠깐 일어나는 감정으로 오랫동안 헤매게 돼요. 감정에 중요성이나 관심을 두지 말고 감정을 비춰주는 자각에 확고하게 머무세요.

자기 이름을 엄청나게 집착합니다. 칭찬과 비판에 얽매입니다. 누가 뭐라고 하든 흔들림 없이 참본성에 귀의를 하세요. 평판과 명예에 대한 걱정을 버리는 게 진정한 자유입니다.

몸과 감정과 이름은 허상이며 매우 끈질긴 환영입니다. 이 세 가지로부터 관심과 걱정을 버리는 게 수행입니다. 그리고 변함없는 유일한 실상, 공하면서 찬란한 자각, 이것만 고집하세요.

날마다 좋은 날

경험이란 무슨 일이 생기는 것이 아니라 생기는 일을 어떻게 받아들이는가에 달려있습니다. 예를 들면 몸이 아픈 게 경험이 아니라 몸이 아픈 것을 어떻게 받아들이느냐에 따라 자기 경험이 됩니다. 몸이 안 좋아도 마음은 좋을 수 있어요. 몸이 뻐근해도 마음은 유연할 수 있어요.

상을 당하는 것이 경험이 아니라 상을 당해서 일어나는 자기 마음이 경험입니다. 슬픔을 허용하지만 평정심을 잃지 않을 수 있어요.

욕을 먹는 게, 억울한 일을 당하는 게, 재산을 잃는 게 자기 경험이 아니라 받아들이는 자기 마음이 경험입니다. 안 좋은 일을 별생각 없이, 별말 없이 잘 소화할 수 있다면 업장 소멸과 큰 공덕이 됩니다.

무슨 일이 있어도 호들갑 떨지 말고, 큰일로 만들지 말고 조용히 대처하세요. 그러면 날마다 좋은 날이 됩니다. 경험이란 자기가 만드는 겁니다.

일기를 쓰면 좋은 이유

- 자신의 삶을 책임지게 도와줍니다. 기록으로 남기 때문에 무의미한 시간이 없다는 것을 알게 됩니다.
- 자신에 대한 통찰이 있을 때마다 적어놓아요. 어떻게 실수를 하는지 알게 되면 저절로 고쳐집니다.
- 불을 켜는 것처럼 어떻게 사는지 알게 됩니다. 자기 몰래 삶이 지나가는 게 아니라 어떻게 사는지 알면서 살게 됩니다. 기억을 연습하기 때문에 기억력도 좋아져요.
- 글을 쓰게 되면 생각지 못한 통찰이 오고 글도 더 잘 쓰게 됩니다. 창의성도 좋아져요.
- 자신을 객관적으로 보게 되고 내가 내 감정이 아니라 감정이 일어나는 맥락이라는 것을 알게 됩니다. 내가 피곤했다고 하는 것보다 몸이 피곤했다고 표현하고, 내가 슬펐다고 하는 것보다 슬픔이 있었다고 표현하는 것이 도움이 됩니다.
- 마음을 털어놓을 수 있어서 안 좋은 에너지가 쌓이지 않고 풀립니다. 스트레스와 억울함과 답답함을 그때그때 풀 수 있어요.
- 일기는 힘든 삶을 동반하는 훌륭한 벗이 될 수 있어요.

처음부터 너무 잘 쓰려고 할 필요 없이 그냥 시도하세요. 포기하지 않고 매일 꾸준히 할 수 있는 만큼 해 보면 점점 더 잘하게 됩니다. 어떤 사람은 아침에 쓰는 게 좋고, 어떤 사람은 저녁에 쓰는 게 좋아요. 틈틈이 쓰는 것도 좋아요. 억지로 쓰는 것보다 자연스럽게 쓰이게 하는 게 좋아요.

심리학과 불교의 차이

심리학은 건강한 자아를 만들려고 하고 불교는 자아가 없다는 것을 깨우치려고 합니다.

심리학은 이생의 과거를 다루는 것이고 불교는 세세생생 동안 쌓여온 업을 다루는 겁니다.

심리학은 이생이라는 범위 안에서 움직이고 불교는 한계가 없는 무한한 범위에서 움직입니다.

심리학은 문제를 해결하는 것이고 불교는 문제가 없다는 겁니다.

심리학은 좋은 꿈을 꾸는 것이고 불교는 꿈을 깨는 겁니다.

심리학은 행복해지는 것이고 불교는 이미 행복하다는 겁니다.

심리학은 긍정을 추구하고 불교는 긍정과 부정을 초월합니다.

심리학은 자기 계발이고 불교는 자기파괴입니다.

심리학은 증상을 다루는 것이고 불교는 근원을 다루는 겁니다.

심리학의 중심은 머리라면 불교의 중심은 가슴입니다.

심리학은 감정을 바꾸는 것이고 불교는 감정을 다루는 방식을 바꾸는 겁니다.

심리학은 생각을 바꿔서 자유로워지는 것이고 불교는 생각을 대하는 방식을 바꿔서 이미 있는 자유를 알게 되는 것입니다.

심리학은 지성으로 통찰을 갖고 불교는 알아차림으로 통찰을 가집니다.

심리학은 지적으로 알아내는 것이고 불교는 지혜로 알게 되는 겁니다.

심리학은 껍데기를 벗기는 것이고 불교는 본질을 알아보는 겁니다.

심리학은 개발의 길이고 불교는 본성의 길입니다.

심리학은 초등학교라면 불교는 대학원입니다.

디파마의 가르침 15가지

1. 목적지로 걸어갈 수 없으면 기어가라.
2. 상실과 슬픔과 불안과 두려움으로 길을 벗어나지 마라.
3. 잘 알아차려서 명상을 절대 떠나지 마라.
4. 마음에 있는 모든 사랑으로 용맹하라.
5. 모든 것이 지나간다는 것을 절대 잊지 마라.
6. 생각을 버려라. 마음은 소설일 뿐이다.
7. 자기 힘(가능성)을 기억하라.
8. 시간이 있을 때마다 마음을 안으로 고요히 하라.
9. 태산처럼 앉아라.
10. '문제'라는 것은 없다. 생각으로 지어낸 것뿐이다.
11. 생각 없는 알아차림으로 존재하라(생각 없는 알아차림 속에 머물러라).
12. 지금 수행하라. 나중에 수행할 것이라고 생각하지 마라.
13. 더 나아가라.
14. 수행을 절대 포기하지 마라.
15. 임종 시 마지막 숨으로 부처님께 절을 올리는 것으로 하라.

디파마는 잭 콘필드 같은 서양의 유명한 불교 스승들의 스승이었습니다. 평범한 주부가 명상으로 성자가 되었습니다.

행복의 문

행복과 성장에 가장 큰 장애는 좋은 것만 원하고 안 좋은 것을 거부하는 마음의 자세입니다. 삶에서 어려움을 피하고 쉬운 길만 원합니다. 고통을 피하고 행복만 바랍니다. 그리고 자신의 좋은 면만 받아들이고 안 좋은 면을 부인하고 싫어합니다. 굉장히 비현실적인 마음인데도 사람의 기본 마음의 자세입니다.

이런 마음의 자세는 우리가 원하는 정확히 반대를 갖게 합니다. 그러면 반대의 자세를 가져야죠. 고통과 어려움은 당연한 것이고 피할 수 없는 것이고 자연스러운 것이고 좋은 것입니다. 행복과 성장을 위해 꼭 필요합니다. 저항 없이 잘 받아들이면 몸을 건강하게 하고 마음을 변하게 합니다. 행복하고 충만한 삶의 원인입니다.

어떻게 좋은 일만 있을 수 있겠어요? 인생은 어려움과 고통으로 가득 차 있어요. 자신도 어두운 면이 너무 많아요. 이게 현실입니다. 불교는 좋은 소식이 아니라 현실적인 소식입니다. 현실적으로 살 때 행복의 문이 열립니다.

성공한 사람, 복이 많은 사람, 훌륭한 사람, 행복한 사람의 비결은 고통과 어려움을 이겨냈다는 겁니다. 허물을 없애서 인간다운 인간이 되는 게 아니라 허물을 인정해서 인간다운 인간이 되는 겁니다. 허물을 숨기고 빨리 없애려고 하고 못 받아들이는 이 마음 때문에 변하지 못해요. 자기 허물을 인정하고 사랑하고 밝히고 널리 알리세요. 자기가 하고 싶은 대로 정확히 반대로 하면 됩니다.

비현실적으로 비효율적으로 인제 그만 살아요. 고통과 어려움을 기대하고 기다리세요. 못된 자신을 사랑해 주세요. 마음의 자세만 바꾸면 세상이 밝아집니다.

진정한 수행자가 되는 전환점

느끼기 싫은 감정을 느끼는 것이 변화의 비결입니다. 모든 취약성과 신경증과 업은 몸 안에 느낌으로 나타납니다. 해결할 게 바로 그 느낌입니다. 평생 안 느끼려고 피해 왔던 느낌을 온전히 느낄 때 업이 날아갑니다. 결국 모든 게 쌓인 에너지이며 이런 에너지를 날리는 게 업장소멸입니다.

죽을 것 같은 불안이 올 때 중심 취약성을 다룰 수 있는 황금기회입니다. 생각을 따라가지 말고 몸과 온전히 함께하세요. 불안을 허용하고 생생하게 느껴 보세요. 도망가지 않고 느낌과 온전히 함께할 수 있다면 알게 되는 게 많아요. 풀리는 게 많아요. 정말 하기 싫지만 하기 싫은 것을 해야지 업이 풀려요. 큰일 날 것 같지만 큰일 나지 않아요.

다룰 것은 바로 마음인데, 바로 느낌인데 마음을 외면하고 바깥 상황을 바꾸려고 해왔어요. 무감각과 공허함, 불안과 우울은 도피전략의 결과입니다.

항상 언제나 다룰 것은 마음뿐입니다. 이게 엄청난 깨달음이며 진정한 수행자가 되는 전환점입니다.

두 가지 종류의 즐거움

낮은 차원의 즐거움은 오감의 즐거움이며 도파민을 분비하게 합니다. 오감의 즐거움은 자체적으로 나쁘지 않지만 더 원하게 해서 집착과 의존을 만듭니다.

오감을 집착해서 윤회한다고 합니다. 보이고 들리고 느끼는 바깥 세상을 더 견고하게 실제화 해서 무명이 더 두꺼워집니다. 실체가 없는 꿈같은 인생의 본질이 가려집니다.

높은 차원의 즐거움은 세로토닌을 분비하게 하며 참본성의 조건 없는 행복과 관련이 있어요. 햇빛과 운동과 명상과 애정으로 세로토닌이 분비됩니다.

오감의 즐거움은 느낄수록 더 가져야 하고 갈애가 심해집니다. 쾌락의 노예가 되면 평생 헛되게 쫓아다니게 됩니다.

알아차림과 자비심으로 갖는 즐거움은 더 느껴야 할 필요가 생기지 않아요. 평온하고 만족스러워요. 훌륭한 동기부여가 되어서 해탈과 진정한 행복의 원인이 됩니다.

오감의 즐거움을 느끼지 말라는 말은 아니에요. 의존을 줄이고 높은 차원의 행복을 더 많이 갖도록 하세요. 여기에 충만함과 참된 만족이 있어요.

신구의(身口意) 법칙

신(身) 몸의 법칙

- 어깨를 펴고 가슴을 열어라.
- 입 벌리지 말고 소리 내지 말고 밥을 먹어라.
- 쿵쿵 소리 내지 말고 도둑처럼 조용히 다녀라.
- 있었던 자리를 깨끗이 정리하고 치우라.
- 허리를 펴고 긴장을 풀어라.
- 남자들, 제발 오줌 흘리지 마라.
- 여자들, 제발 떨어진 머리카락을 버려라.
- 중심은 아랫배에 두어라.

구(口) 말의 법칙

- 말은 매우 조심스럽게 하여라.
- 문자 하나 보낼 때도 매우 신중히 하여라.
- 말을 아껴라.
- 험담 & 자랑 No!
- 간단명료! 단도직입! 그리고 친절!
- 솔직하게 투명하게 부드럽게 따뜻하게 분명하게 말하라.
- 상처 주는 말은 폭력이다.

의(意) 마음의 법칙

- 모든 수행을 마음 하나로 모아라.
- 아집은 무시하고 보리심을 내어라.
- 생각 없는 알아차림을 유지하여라.
- 잔잔한 물처럼 마음을 고요히 맑게 가져라.
- 한순간도 산란하지 마라.

행복의 조건

무슨 일 때문에 행복하고 불행한 게 아니라 일어나는 일을 어떻게 접하는지에 따라서 행복하고 불행합니다. 무슨 일이 있어도 바르게 유익하게 접근할 수 있어요. 모든 일은 자신을 위한 것이고 바르게 접근하면 행복과 성장의 원인이 됩니다.

행복한 일이 많이 생기는 게 하나도 중요하지 않아요. 행복의 조건을 만드는 게 중요합니다. 무슨 일이 있어도 행복의 조건인 깨어있음과 자비심으로 탈바꿈할 수 있어요. 번뇌도 슬픔도 불안도 억울함도 바르게 접근하면 지혜와 자비의 재료입니다.

무슨 일이 있어도 항상 선택권이 있어요. 불행하게 접근할 수 있고 기쁘게 접근할 수 있어요. 집착하고 저항해서 고통의 조건을 만들 수 있고 받아들이고 탈바꿈해서 행복의 조건을 만들 수 있어요.

수행의 길은 지혜와 자비입니다. 지혜는 알아차림, 받아들임을 의미하며 자비는 방편, 바른(유익한) 마음을 내는 것입니다.

인생이라는 것은 자신의 마음뿐입니다. 같은 일이 50명에게 일어나도 각자 경험이 다릅니다. 예를 들면 50명이 1억을 잃게 되면 어떤 사람은 좌절하고 자살하고 어떤 사람은 아무렇지 않고 더 많은 돈을 다시 벌어요.

무슨 일이 있어도 좋게 보고 기회로 삼고 성장하고 행복의 조건을 만들 수 있어요. It's up to you! 자기한테 달려 있어요!

그냥 하고 그냥 사세요

이 순간에 그냥 살아 있지 못하게 하는 게 자신의 업입니다. 그냥 일어나고 그냥 밥 먹고 그냥 목욕하고 그냥 어디 가고 그냥 누구 만나고 그냥 일하고 그냥 놀고 그냥 하는 것을 그냥 사는 것을 못 하게 하는 게 자기 업입니다.

삶은 별 게 아니에요. 할 일을 하고 갈 곳을 가고 인연 따라 순리대로 그냥 사는 겁니다. 그냥 사는 게 잘사는 겁니다. 그냥 하는 게 잘하는 겁니다.

Just live. Just do it. 이렇게 못 하게 하는 것은 빠빤짜(Papañca, 희론(戲論))라는 생각이 이어가서 구체화하고 실제화하고 상황을 견고하게 하기 때문입니다. 아무것도 아닌 것을 무엇으로 만들고 키웁니다. 이게 우리의 업이며 장애와 고통입니다. 빠빤짜는 정신적 현상, 생각의 확산을 의미하며 이것을 닦는 게 수행입니다. 명상할수록 빠빤짜가 줄어들고 느려지고 사라집니다. 동시에 마음이 열리고 여유로워지고 간단해집니다. 바라고 걱정하는 게 줄어들어요.

업이란 윤회란 바깥 현상을 쫓아다니는 것입니다. 보이고 들리고 느끼는 반짝거리는 것에 현혹되어서 개가 꼬리를 쫓듯이 우리는 허망한 욕망을 쫓아다녀요. 빠빤짜는 욕망을 의미합니다.

하루하루 찰나찰나 생각으로 무엇을 만들지 말고 그냥 하고 그냥 사세요.

벗으로 삼으면 벗이 됩니다

게으름은 고칠 수 없어요. 집안일도 운동도 숙제도 하고 싶을 때까지 기다리면 죽을 때까지 기다려야 합니다. 생각이 날 때 주저앉으면 못 하고 그냥 하면 할 수 있어요. 평생 Just do it!

　　우울은 고칠 수 없어요. 우울한 게 당연하고 우울하지 않은 게 이상한 거예요. 현실에 눈을 뜨면 우울할 수밖에 없어요. 우울한 것은 민감하다는 겁니다. 변화의 계기는 우울입니다. 가장 인간적인 감정은 슬픔입니다. 없애려고 하지 않고 함께 잘 지내보면 배울 게 많고 의미 있게 살게 합니다. 평생 우울한 나, 괜찮아요.

　　불안은 고칠 수 없어요. 불안한 것은 살아 있다는 겁니다. 불안이 없으면 힘도 없어요. 불안해야지 위험도 피하고 동기부여가 생겨요. 불안을 바르게 접하면 열심히 깨어 있게 삽니다. 평생 불안한 나, 좋아요.

　　성욕은 고칠 수 없어요. 고치는 게 아니라 성적인 에너지를 바르게 활용하는 겁니다. 잘못 쓰지 않으면 창의성과 활기가 됩니다. 평생 성욕이 많은 나, 괜찮아요.

　　분노는 고칠 수 없어요. 화가 나지 않으면 인간이 아닙니다. 분노는 활발하고 명징한 에너지입니다. 분노의 표현이 중요합니다. 분노는 파괴적으로 표현할 수 있고 생산적으로 표현할 수도 있어요. 평생 분노하는 나, 좋아요.

　　게으름도 슬픔도 불안도 성욕도 분노도 고치는 게 아니라 함께 잘 지내는 겁니다. 적으로 삼으면 적이 되고 벗으로 삼으면 벗이 됩니다.

루미의 7가지 철학

1. 가슴을 따르라. 할 일이 있고 하고 싶은 게 있다. 무엇을 하는 것보다 왜 하는 것이 중요하다. 즐거워서, 의미가 있어서, 하고 싶어서, 잘할 수 있어서 하는 일을 찾으라.

2. 길을 걸으면 길이 나타난다. 매일 생각만 하고 안 하는 습관이 있다. 한 걸음 한 걸음, 조금씩 조금씩, 할 수 있는 만큼 길을 걸어라.

3. 상처가 있는 곳이 빛이 있는 곳이다. 어둠이 등불이며 아픔으로 축복을 받는다. 고통으로 성장하고 인간이 된다.

4. 보물은 우리 안에 있다. 바깥세상이 뭐가 그렇게 좋은가? 밖에서는 결코 찾을 수 없고 안에서 찾으라. 황금산은 우리 안에 있다.

5. 우리 자체가 사랑이다. 사랑은 찾는 게 아니라 사랑을 가리는 모든 장벽을 찾는 것이다. 사랑을 자유롭게 하라. 사랑을 알면 더 이상 바랄 게 없다.

6. 판단하지 마라. 옳고 그름을 넘어서 들판이 있다. 여기서 만나자. 나도 너도 없는 시비를 넘은 차원에서 연결할 수 있다.

7. 자신을 바꾸면 세상을 바꿀 수 있다. 어제는 똑똑해서 세상을 바꾸려고 했고 오늘은 현명해서 자신을 바꾸려고 한다.

공성이란

삶에서 나타나는 모든 것과 공성(空性)을 분리할 수 없어요. 공성을 이해할 수 있는 비유 9가지를 소개합니다.

- 거울에서 모든 것이 분명하게 나타나지만 실체가 없는 것처럼 모든 현상은 이와 같아요.
- 보이는 모든 형태는 홀로그램과 같아요. 보이지만 실제로 있는 것이 아니에요.
- 들리는 모든 소리는 메아리와 같아요. 들리지만 비어있는 소리뿐이에요. 칭찬과 비판도 메아리뿐입니다.
- 일어나는 모든 생각과 감정은 구름과 같아요. 흰 구름이든 먹구름이든 나타나지만 실체가 없어요.
- 이생에 갈망하고 집착하는 모든 것은 무지개와 같아요. 아름답다고 하더라도 실제로 가질 수 없어요.
- 이생에 두려워하고 걱정하는 모든 것은 밧줄을 뱀으로 착각하는 것과 같아요. 알고 보면 두려워할 것도 걱정할 것도 아닙니다.
- 영화 한 편처럼 여러 감정을 경험하지만 실제로 좋아할 것도 싫어할 것도 없어요.
- 마술쇼처럼 보이는 대로 있지 않아요. 모든 게 환영이에요.
- 이생에 행복은 꿈에서 복권이 당첨되는 것과 같아요. 이생에 불행은 꿈에서 자식을 잃는 것과 같아요.

공성과 일체유심조는 같은 맥락입니다. 꿈처럼 보이고 들리고 경험하는 모든 게 마음뿐이며 마음은 실체가 없어요. 무슨 일이 있어도 공성을 상기하세요. 고통으로부터 보호하고 마음을 자유롭게 합니다. 이생도 꿈과 같다는 것을 알면 바랄 것도 두려워할 것도 없어요. 평화만 남아요.

자신의 번뇌를 확인하세요

원수를 알아보고 원수를 기다리고 원수를 해결하세요. 우리 사이에 원수가 있어요.

    사람마다 스스로 괴롭히는 원수가 있어요. 어떤 사람은 집착이 많고 어떤 사람은 원망이 많고 어떤 사람은 오만하고 어떤 사람은 질투가 많아요.

    5가지 번뇌(탐진치, 오만, 질투) 중에 자신의 가장 큰 번뇌를 확인하세요. 이게 자신의 원수입니다. 자신의 원수를 확인하고 기다리세요. 찾아올 때 알아보고 주의하세요. 원수를 원수로 알아보기만 해도 충분합니다(지혜). 그리고 마음이 허락하면 반대 마음을 가져 보세요(자비).

분노의 반대 마음은 사랑(상대방의 행복을 바라는 마음)
집착의 반대 마음은 출리(세속의 허물을 아는 것)
무명의 반대 마음은 지혜(실상을 아는 것)
오만의 반대 마음은 평등(모두의 무한한 가능성을 아는 것)
질투의 반대 마음은 수희찬탄(남의 공덕을 인정하는 것)

자신에게 친절하세요

만나지 마세요

만나서 싸우는 사람, 만나서 마음이 올라오는 사람, 만나서 좋은 일이 없는 사람을 친절하게 멀리하세요. 하지만 그 사람에 대해서 안 좋은 마음을 키우지 않도록, 안 좋은 말을 하지 않도록 주의하세요.

용서하지 마세요

당장 용서하지 못 하는 사람을 억지로 용서하려고 할 필요없어요. 자신의 상처를 인정하고 시간을 두세요. 그리고 그 사람에 대해서 안 좋은 마음을 키우지 않도록 안 좋은 말을 하지 않도록 주의하세요.

좋아하지 마세요

모든 사람을 좋아할 수 없고 어떤 사람은 왠지 싫어요. 싫어도 마음을 내면 따뜻하게 대할 수 있어요. 좋아하고 싫어하는 마음에 개의치 말고 모두를 공평하게 대하세요.

억제하지 마세요

억지로 하는 것은 자기가 할 일이 아니에요. 애쓰지 않아도 하는 게 즐겁고 자연스럽게 하고 싶은 일이 자기 일입니다.

무리하지 마세요

자신의 시간도 몸도 마음도 한계가 있어요. 한계를 넘으면 무리입니다. 선행도 무리하면 공덕이 없어요.

우리 힘들게 살지 맙시다. 애먹는 게 뭐가 좋아요. 편안한 마음으로 자신에게 친절하세요.

무슨 일이 있어도 괜찮아요

생각을 그냥 두세요

두말하지 않고 두 번 생각하지 않는 게 수행입니다. 판단은 일어나요. 억울함은 일어나요. 인색함은 일어나요. 욕심은 일어나요. 미움은 일어나요. 마음이 일어나는 것은 어쩔 수 없지만 계속 생각하는 것은 선택할 수 있어요. 알아차림이 선택권입니다.

무슨 일이 있어도 두 번 생각하지 말고 두말하지 말아요. 그러면 아무 문제 없어요. 생각에 당황하지 않고 생각을 믿지 않고 생각을 그냥 두세요. 두 번 생각하지 않으면 마음이 상하지 않고 좋은 마음을 유지할 수 있어요.

잠의 원리

삶의 질은 잠의 질입니다. 밤과 낮이 둘이 아니기 때문입니다. 잠버릇이 삶의 질을 결정할 정도로 중요합니다. 잠버릇을 좋게 하는 몇 가지 제안을 드립니다. 모든 사람에게 똑같이 해당하지 않지만 일반적인 잠의 원리를 설명해 드립니다.

- **Time**: 11시 전에 잠드는 게 가장 이상적이고 자연의 리듬과 일치합니다. 푹 자려면 일찍 자는 게 제일 좋아요.
- **Ritual**: 죽음을 준비하는 것처럼 잠을 준비해야 합니다. 죽음의 과정과 잠드는 과정이 유사하며 잠들 때마다 작은 죽음을 경험합니다. 잠들기 전 30분에서 1시간부터 '잠(죽음) 준비 리추얼'을 만드는 게 중요합니다. 하루를 돌아보고 몸을 풀고 마음을 평화롭게 하는 리추얼로 몸과 마음을 준비합니다. 습관이 될 때까지 리추얼로 오히려 잠이 깨고 잠이 안 올 때도 있어요.
- **Falling asleep**: 잠드는 순간이 잠의 질을 결정합니다. 비어있는 마음으로 잠들면 아주 편안한 잠을 자게 됩니다. 행복한 마음으로 잠들면 잠도 꿈도 행복하고 일어날 때도 행복합니다. 자비심으로 잠들면 꿀잠을 자게 됩니다.
- **Waking up**: 잠에서 깨서 너무 피곤하면 다시 자는 것은 괜찮지만 자지도 않고 일어나지도 않으면서 빈둥거리는 것은 더 피곤하게 할 뿐입니다. 잠을 깨는 순간, 몸을 움직여서 바로 일어나는 습관을 만드세요.
- **Hours**: 5시간만 자고 개운한 사람은 거의 없어요. 예외도 있지만 일반적으로 최소한 7시간 자야 개운합니다.

- **Body**: 몸이 건강하면 잠을 잘 자고 잠을 잘 자면 몸이 건강합니다. 호르몬의 균형이 깨지거나 영양과 운동이 부족하면 잠이 잘 안 올 수 있어요. 몸 관리를 잘해서 잠을 푹 자고 잠을 푹 자서 몸 관리를 잘하세요.
- **Mind**: 어쩌면 가장 중요한 것은 마음입니다. 스트레스가 많고 걱정이 많고 분노가 많으면 당연히 잠을 잘 자지 못하죠. 우울해도 불안해도 잠의 질이 안 좋아요. 꿈도 안 좋아요. 마음이 평화롭고 양심이 깨끗하면 잠이 잘 와요. 평안한 마음이 최고의 수면제입니다.

현대인들의 숙제는 잠입니다. 잠을 제대로 못 자고 잠의 질이 안 좋고 잠의 장애가 있는 사람들이 대부분이라고 할 정도로 잠버릇이 좋지 않아요. 잠이 얼마나 중요한지 깊이 알면 잠버릇을 고치게 됩니다.

고통의 원인

부처님께서 모든 고통의 원인은 집착이라고 하셨어요. 고통이 문제가 아닙니다. 생각이 문제가 아닙니다. 감정이 문제가 아닙니다. 분노가 문제가 아닙니다. 슬픔이 문제가 아닙니다. 불안이 문제가 아닙니다. 낙담이 문제가 아닙니다. 에고가 문제가 아닙니다. 붙잡는 게 유일한 문제입니다. 집착이 없으면 문제가 없어요. 집착의 여러 형태가 있어요.

고통을 붙잡는 것
감정을 집착하는 것
분노에 당황하는 것
슬픔을 저항하는 것
불안을 불안해하는 것
낙담에 빠지는 것
에고와 동일시 하는 것
생각에 중요성을 두는 것
미는 것도 당기는 것도
좋아하는 것도 싫어하는 것도
바라는 것도 두려워하는 것도
애착도 미움도
결국 집착입니다.

집착하지 않는 것, 붙잡지 않는 것을 알아차림이라고 합니다. 그저 바라봄, 담담하게, 객관적으로 그냥 지켜봅니다. 알아차림이 있으면 집착이 없는 것이고 집착이 있으면 알아차림이 없는 겁니다.

미운 사람을 볼 때

얻어먹고 얹혀사는 사람이 제일 싫어요. 왜냐면 제가 얻어먹고 얹혀사는 사람이기 때문입니다. 얻어먹고 얹혀사는 게 스님의 삶입니다. 욕심 많은 사람이 제일 싫어요. 왜냐면 제가 욕심 많은 사람이기 때문입니다.

인정 결핍으로 자기도취에 빠지는 사람이 제일 싫어요. 나는 안 한다고 하지만 인정받고 싶고 자기도취에 빠지고 싶은 욕구가 숨어 있어요.

제일 싫은 사람이 있다면 자신의 허물을 살필 훌륭한 기회입니다. 허물은 자신에게 잘 안 보여요. 숨어 있다가 남에게 비춰줘요.

미운 사람을 볼 때 자신인 줄 아세요. 미운 사람을 나로 볼 수 있다면 미워하기 어려워요.

'다시'를 수행하세요

우리의 수행은 '다시'입니다.
다시 마음을 내고
다시 방향을 잡고
다시 알아차리고
다시 상기하고
다시 성찰하고
다시 일어나고
다시 마음을 먹고
다시 일깨우고
다시 기도하고
다시 발심하고
다시 참회하고
다시 다짐하고
다시 결심합니다.

알아차림과 보리심은 반복해야 수행이 됩니다. 다시 그리고 다시 알아차림을 일깨우고 다짐하고 다시 보리심을 일으키고 결심합니다. 다시, 다시, 다시. 하루에 백번 '다시'를 수행하세요. 10번 해서는 부족합니다. 최대한 자주 최대한 많이 '다시'를 수행하세요.

무슨 일이 있어도 괜찮아요

저 짜증 잘 내요. 그런데 오래 가지 않아요.

저 화 잘 나요. 그런데 화내지 않아요.

인색한 마음 잘 올라와요. 그래도 보시해요.

낙담과 좌절, 올라와요. 그래도 계속 앞으로 나가요.

저 탐욕 잘 올라와요. 그런데 개의치 않아요.

불안과 슬픔이 올 때도 있어요. 그런데 상관없어요.

저 욕 먹을 때도 있어요. 그런데 괜찮아요.

기분도 몸도 안 좋을 때가 많아요. 그런데 받아들여요.

무슨 일이 있어도 괜찮아요. 좋은 일 나쁜 일 둘 다 좋아요.

긍정의 태도는 놓지 않아요. 좋은 일도 나쁜 일도 없다는 걸 잘 알아요.

그저 있는 그대로

명상은 허용
일어나면 일어나는 대로 허용하고
머물면 머무는 대로 허용하고
가라앉으면 가라앉는 대로 허용합니다.
오는 것을 오게 하고
있는 것을 있게 하고
가는 것을 가게 합니다.
아프면 아파도 되고
슬프면 슬퍼도 되고
화가 나면 화가 나도 되고
불안하면 불안해도 됩니다.
좋아하지도 싫어하지도 않고
키우지도 막지도 않고
밀지도 당기지도 않고
그저 있는 그대로 둡니다.
기쁨이 있어도 없어도 되고
긴장이 있어도 없어도 되고
불편함이 있어도 없어도 되고
평화가 있어도 없어도 되고
통증이 있어도 없어도 되고
뭐든지 얼마든지 있어도 없어도 됩니다.
바랄 것도 두려울 것도 없어요.
얻을 것도 잃을 것도 없어요.
오는 것도 가는 것도 없어요.
시작도 끝도 없어요.
실상이 이와 같으니 실상과 어울리게 하는 게 명상입니다.

무위(無爲)는

무위는
아무것도 안 하는 게 아니라 하는 바 없이 하는 거예요.
행위가 없는 게 아니라 애씀이 없는 거예요.
뭘 하지 않는 게 아니라 억제하지 않는 거예요.
결정하는 게 아니라 결정이 되는 겁니다.
무엇을 만드는 게 아니라 만들어지는 거예요.
말을 하는 게 아니라 말이 나와요.
글을 쓰는 게 아니라 글이 쓰여요.
누가 하는 게 아니라 내가 하는 게 아니라 그냥 하는 거예요.

무위는
노력 없는 노력
저절로 이루어지는
스스로 성취되는
즉석 즉시 즉흥
계획 없는 우발 우연
인위적이지 않은 꾸미지 않는 조작이 없는
열려 있고 몰라도 되고 알 수 없고
오는 것을 막지 않고 가는 것을 잡지 않는
원하는 것이 없어서 정말 원하는 것을 갖게 되는
생각하지 않는 직관

감으로 하는 감으로 사는
지극히 자연스러운
그냥 하는 그냥 사는
인연 따라 순리대로
명상하지 않는 명상
생각 없는 알아차림

오직 모를 뿐! 오직 할 뿐!
할 게 없는데 자꾸 뭘 하려고 해서 힘든 거예요. 마음을 열고 기다려
보면 할 것이라면 하게 됩니다. 이렇게 사는 것을 배워야 합니다.

고(苦) 무상(無常) 무아(無我) 수행법

고(苦)

삶의 본질은 행복이 아니라 고통입니다. 이것을 알면 기대가 줄어들고 받아들이기가 쉬워요. 자신만 행복하지 못한 게 아니라 인생이 원래 이래요. 모든 사람은 행복을 바라고 살지만 진정한 행복은 찾기가 어려워요. 행복에 대한 강박을 버리고 만족과 감사의 마음을 내는 게 고(苦)의 수행법입니다.

무상(無常)

현재의 현상에 속아서 집착합니다. 오래 갈 것 같고 무상이 안 보여요. 괴롭고 힘들고 답답하고 화가 나더라도 현상은 지나갑니다. 지나갈 줄 알면 당장 결론을 내리지 않고 후회할 말과 행동을 하지 않아요. 감정이 지나가면 멀쩡한 마음으로 올바른 생각과 말과 행동을 할 수 있어요. 수없이 제 마음을 구해준 게 무상을 아는 것이었어요. 마음이 달라질 줄 알아 기다릴 줄 아는 게 무상(無常)의 수행법입니다.

무아(無我)

그 어떤 현상도 자체적인, 절대적인 자성(自性)이 없어요. 기쁨도 좋지도 않고 슬픔도 나쁘지 않다는 거예요. 즐거움이 있을 때 너무 좋아하고 집착할 필요가 없고 괴로움이 있을 때 꼭 나쁘게 볼 필요가 없어요. 불안이 있어서 불안해할 필요 없고 괴로움 있어서 괴로워할 필요가 없어요. 무아를 아는 게 제 마음을 수없이 보호했어요. 그 어떤 것도 좋지도 나쁘지도 않다는 것을 알아 구체화하지 않는 게 무아(無我)의 수행법입니다.

수행은 아주 간단합니다

서운한 게 한두 가지입니까?
억울한 게 한두 가지입니까?
불공평한 게 한두 가지입니까?

실망도 불만도 불평도 끝없이 일어나요. 그런데 이게 다 자기 업일 뿐이에요. 업이 닦아지면 같은 경험을 하더라도 마음이 올라오지 않아요. 부처님은 서운한 것도 억울한 것도 불공평한 것도 실망도 불평도 불만도 없어요.

한순간도 남을 원망하지 말아요. 한순간도 다른 사람을 탓하지 말아요. 남 탓하는 게 만 가지 고통의 원인입니다. 투사하는 마음, 즉 무명에 속아서 남 탓합니다. 자신을 잘 모르면서 남을 잘 안다고 오만하게 생각합니다. 탓하는 대상이 어떤지 보여주는 게 아니라 자신이 어떤지 보여주는 겁니다. 남에게 상처를 주려고 공격하는 날카로운 마음의 습관입니다. 남 탓하기는 아주 쉬워요. 스스로 책임을 지는 것은 몹시 어려워요. 어려운 게 수행이며 마음의 힘을 키울 수 있어요.

남을 원망하면 자신에게 상처가 생겨요. 상처가 잠재되어 있다가 비슷한 상황을 주면 또 남을 원망하게 됩니다. 대상은 바뀌지만 어딜 가든 원수들이 많아요.

중생은 작은 일을 큰일로 만들고 없는 일을 있는 일로 만듭니다. 수행은 아주 간단합니다. 어떤 일이 있어도 일을 만들지 않는 겁니다. 모든 경우에도 아무렇지 않은 게 수행입니다. 그리고 다른 사람에 대한 어여쁜 마음을 놓치지 않는 겁니다.

무렵에

수행은 무렵에 하는 겁니다.
화를 낼 무렵에
미움을 키울 무렵에
슬픔이 일어날 무렵에
불안이 커질 무렵에
욕심이 일어나는 무렵에
생각이 이어가는 무렵에

프라이팬도 뜨거울 때 닦을 수 있는 것처럼 번뇌도 닦기 좋은 이상적일 때가 있어요. 바로 일어나는 무렵에 제일 닦기 쉬워요. 일어나기 전에는 번뇌가 없으니까 닦을 수가 없고 일어나서 커지면 닦기가 점점 어려워져요.

번뇌가 일어나는 무렵에 명확하게 깨어서 커지지 않도록 주의해야 합니다. 원수인 번뇌를 똑바로 알아보고 멀리해야 합니다. 자기 마음 말고는 다른 원수가 없어요.

번뇌는 불과 같아요. 금방 번져서 마음이 상하고 말까지 하면 다른 사람도 괴롭히게 됩니다. 썩은 사과 하나가 나머지도 못 먹게 하는 것처럼 아주 좋은 상황도 생각 하나를 돌리지 못해서 완전 버리게 됩니다.

자신에게 친절한 행동 17가지

- 쓸데없는 활동과 만남을 버리는 것
- 자신과 상대방에게 계속 해가 되는 인연을 친절하게 단호하게 멀리하는 것
- 자신의 몸과 마음의 한계를 존중하는 것
- 다 말하지 않고 말을 아끼는 것
- 너무 밀접한 관계에서 서로에게 공간을 주는 것
- 다른 사람의 말을 무조건 따르지 않고 스스로 생각하는 것
- 친절하게 단호하게 거절할 줄 아는 것
- 자신만의 공간과 시간을 갖는 것
- 충분히 쉬고 잘 먹고 운동하는 것
- 자주 자연과 함께 하는 것
- 자주 자신의 삶을 돌아보는 것
- 자신의 삶과 행복을 스스로 책임지는 것
- 용서를 배우는 것
- 만사에 감사한 것
- 만족하고 간소한 삶을 사는 것
- 다른 사람에게 마음을 열고 쉽게 베풀고 친절한 것
- 마음공부를 배워서 실천하는 것

여러분은 어떻게 자신에게 친절하세요?

몰라도 되는 게 수행

모르는 마음이 자유이며 아는 마음이 구속입니다. 안다고 생각하는 게 모든 고통의 관문입니다. 자신을 압니까? 다른 사람을 압니까? 상황을 압니까? 과거를 압니까? 미래를 압니까? 솔직히 아는 게 뭐가 있어요?

아는 게 망상이며 집착입니다. 모르는 게 현실이며 자유입니다. 아는 것과 집착은 같은 개념이고 모르는 것과 내려놓는 것이 같은 개념입니다. 아무것도 모르는 게 실상이며 몰라도 되는 게 수행입니다.

수행자의 십계명

1. **시간**: 자신의 죽을 운명을 깊이 사유하여 시간의 한계를 알아 시간을 헛되게 보내지 않는다. 죽음을 계속 상기한다.
2. **중생**: 자신의 행복과 해탈은 중생에 의해서 된다는 것을 알아 한 중생에게도 해가 되지 않고 다 똑같이 아낀다. 자비심을 계속 기른다.
3. **공성**: 그 어떤 것도 실제로 존재하지 않다는 것을 알아 분별심을 일으키지 않는다. 공성을 계속 상기한다.
4. **허물**: 타인의 허물은 보지도 생각도 말도 하지 않는다. 계속 자신의 허물을 살핀다.
5. **장점**: 자신이 잘한 것이나 좋은 점은 숨기고 타인의 좋은 점은 밝힌다.
6. **통렌**: 자비심으로 타인에게 좋은 것을 아낌없이 주고 안 좋은 것은 자신이 기꺼이 받는다.
7. **일념**: 끈질긴 노력으로만 마음이 변한다는 것을 알아 공부하고 사유하고 수행하는 마음을 유지한다.
8. **소박함**: 먹는 것도 입는 것도 생활도 마음도 겸손하고 간소하게 한다.
9. **투명**: 거짓이나 가식 없이 있는 대로 보이고 보이는 대로 있는 것이다.
10. **몸**: 건강은 수행자의 의무이다.

아니라고 하는 10가지

- 마음을 비운다는 게 아무것도 없는 게 아니라 명료한 마음이 있는 겁니다.
- 생각이 문제가 아니라 생각을 집착하는 게 문제입니다.
- 상황이 문제가 아니라 태도가 문제입니다.
- 다른 사람 때문에 힘든 게 아니라 자기 마음 때문에 힘든 겁니다.
- 공성은 아무것도 없는 것이 아니라 있지도 없지도 않은 것입니다.
- 평정심은 무관심이 아니라 분별없이 모두에게 깊은 관심을 두는 겁니다.
- 무아는 아무도 없는 게 아니라 무심코 믿는 '나'가 없는 겁니다.
- 내려놓는 것은 포기하는 게 아니라 받아들이는 것입니다.
- 자비는 불쌍히 여기는 게 아니라 처지를 이해하는 겁니다.
- 사랑은 감성을 얘기하는 게 아니라 실천을 얘기하는 겁니다.

그저

나는 내 기분에 신경을 쓰지 않는다. 생각도 말도 하지 않는다. 해야 할 말과 해야 할 것을 할 뿐이다. 지나가고 말 것은 실체가 없는 것이라 상관하지 않는다. 상관(相關)하지 않는 게 수행이다. 모든 현상은 일시적이라서 상호작용을 하지 않아야 하며 상호작용을 하지 않으면 일시적인 본질을 알게 된다.

그저 지켜볼 뿐
그저 가만히 있을 뿐
그저 기다려 볼 뿐

행복이라고 하는 것

삶의 목적은 행복이 아닙니다. 배우는 것, 성장하는 것, 인간이 되는 것, 깨닫는 것, 이게 지구상에 온 이유입니다. 그렇다면 행복보다 고통이 더 도움이 됩니다.

행복이라고 하는 것은 고통이라는 대가가 있어요. 탄생은 죽음이라는 대가가 있고 만남은 이별이라는 대가가 있고 풍요로움은 무상이라는 대가가 있어요. 모든 것은 무너지고 지나가고 흩어지고 소멸합니다.

사랑한 바로 그만큼 아프고 올라간 바로 그만큼 내려갑니다. 사람들은 행복하게 보이지만 행복하다고 주장하지만 오래 가는 진정한 행복은 찾기 어려워요.

이생의 행복이라고 하는 것은 행복한 꿈에 불과합니다. 이를 알아 처음부터 지나가지 않는 흩어지지 않는 무너지지 않는 참본성(자비와 지혜)을 구하는 것이 현명한 일입니다. 여기서 충만함과 의미와 변함 없는 행복을 찾을 수 있어요.

명상하는 법

생각하지 말고 그저 지켜보세요.
생각하지 말고 그저 들어보세요.
생각하지 말고 그저 느껴보세요.
생각하지 말고 그저 누리세요.
생각하지 말고 그저 하세요.
생각하지 말고 그저 아세요.
생각하지 말고 그저 존재하세요.
생각하지 말고 그저 쉬세요.
생각하지 말고 그저 살아 있어요.
생각하지 말고 그저 현존하세요.

이게 명상하는 법입니다.

모든 고통의 원인

우리의 문제는 딱 하나입니다. 모든 고통의 원인입니다. 바로 산란한 것입니다. 이게 윤회이며 마음을 빼앗기는 것을 의미합니다. 산란함의 종류는 탐진치 3가지입니다.

탐

끝없는 욕망으로 마음이 팔립니다. 좋아하고 집착하고 갈망하고 기대하고 바라고 희망하는 마음입니다.

진

거부하고 저항하고 싫어하고 미워하고 원망하는 마음으로 생각이 이어갑니다. 싫은 것 때문에 걱정하고 불안하고 두려워합니다.

치

온갖 잡념으로 생각이 이어갑니다. 개념화하고 구체화하고 실체화해서 온갖 망상을 만들어내요.

해결책도 하나입니다. 알아차림 즉 생각을 내려놓는 것입니다. 생각이 이어가지 않고 깨어 있는 겁니다.

생각으로부터 자유로워지는 것

알아차림은 뭘까요?
생각에 당황하지 않는 겁니다.
생각을 믿지 않는 겁니다.
생각에 중요성을 두지 않는 겁니다.
생각을 담담하게 중립적으로 대하는 겁니다.
생각과 엉키지 않는 겁니다.
생각과 상호작용 하지 않는 겁니다.
생각을 그저 지켜보는 겁니다.
생각을 객관적으로 보는 겁니다.
알아차림이 없어서 고통이 생겨요.
생각에 당황하고
생각에 넘어가고
생각을 따라가서
모든 고통이 있는 겁니다.

알아차림이 있으면 생각이 저절로 풀려요. 생각이 풀린 자리에 평화
와 자유와 지혜가 있어요. 알아차림이 있으면 생각의 실체가 없는 본
질을 알게 돼요.

　　수행은 저절로 습관적으로 일어나는 생각을 다르게 대하는 겁니
다. 생각을 생각으로 해결하지 않고 그저 있는 그대로 두는 겁니다. 생
각으로부터 자유로워지는 것이 명상의 진수입니다.

마르쿠스 아우렐리우스 《명상록》 15가지 교훈

1. 미래에 무엇을 바라지 말라. 현재를 잘 살면 필요한 것은 우리에게 주어질 것이다.
2. 밖에 있는 것은 바꿀 수 없고 오직 마음만 바꿀 수 있다는 것을 깨우쳐라. 여기서 힘을 찾을 것이다.
3. 들리는 모든 말은 사실이 아니라 의견뿐이다. 보이는 모든 것은 현실이 아니라 관점뿐이다.
4. 좋은 사람이 무엇인지 논의는 그만하고 좋은 사람이 되어라.
5. 다른 사람이나 상황 때문에 마음이 올라오면 대상 때문에 불편한 것보다 대상에 대한 평가 때문이다. 평가는 언제나 바꿀 수 있다.
6. 주어진 인연을 존중하고 인연 깊은 사람은 온 마음을 다해 사랑하라.
7. 옳지 않은 것은 하지 말고 사실 아닌 것은 말하지 마라.
8. 인생의 목적은 대중을 따라가는 게 아니라 소수와 함께 잘 가지 않는 남다른 길을 가는 것이다.
9. 행복한 삶은 필요한 게 많지 않다. 사고방식에 다 들어 있다.
10. 자신의 마음을 살피고 바꾸는 것은 언제나 가능한 것이다.
11. 받을 때는 오만하지 말고 베풀 때는 주저하지 마라.
12. 누가 나를 경멸하는 것은 그 사람의 문제다. 나의 유일한 책임은 욕먹을 만한 행동을 하지 않는 것이다.
13. 가치 있게 보는 것으로 자신의 가치를 알 수 있다.
14. 무엇을 생각하는지에 따라서 마음의 자질이 결정된다.
15. 내가 잘못한 말과 행동을 누가 지적하면 기꺼이 나의 행동을 바꿀 것이다.

관계가 가장 큰 숙제

관계가 가장 큰 숙제이며 화두입니다. 고통의 가장 큰 원천이에요. 관계에서 사람들이 힘들어하고, 우울해지고, 관계 때문에 길을 잃어요.

우리 부모님들로부터 시작해서 연인, 친구, 동료, 이런 관계에서 좋은 결과보다 안 좋은 것을 훨씬 많이 받아요. 좋은 점들은 고통과 비하면 새 발의 피입니다.

불교에서는 차라리 혼자 있으라고 합니다. 모든 사람을 잘 모르는 사람처럼 대하고 깊은 관계를 갖지 않는 것도 방법입니다. 잘 모르는 사람하고는 별문제가 없잖아요. 처음 만나는 사람에게는 친절하고 무례하지 않아요. 사람들과 깊은 인연을 맺어서 보통 좋은 일이 없어요. 처음에는 좋지만 서로에게 상처 주고 해가 되는 경우가 대부분입니다.

그런데, 깊은 인간관계로 성장하고 변화할 수도 있어요. 경험을 쌓고 현명해질 수 있어요. 인간관계 속에서 충만함을 찾을 수 있어요. 상대방이 충만함을 주는 것이 아니라, 관계를 통해서 더 나은 사람이 되어서 충만함을 갖는 겁니다.

자신의 부족한 면을 상대방이 채워 주는 것은 영화에서 나오는 얘기뿐이며 절대 그럴 수 없어요. 그럴 수 있을 것이라는 기대가 가장 큰 문제입니다. 비현실적인 기대가 있어요. 관계로 인하여 더 충만해지고 부족함이 채워지고 행복할 것이라는 기대로 연인과 친구를 사귀고 스승을 모십니다. 결국 실망하고 상처받고 헤어집니다.

기대가 문제입니다. 기대하면 너무 힘들어요. 여러분의 소원을 들어줄 사람이 없어요. 소녀시대도 못 해 줍니다. 자기를 행복하게 할 사람, 자기를 충만하게 할 사람, 자기를 구해줄 사람은 자기밖에 없어요.

하지만 관계 속에서 내려놓음과 용서와 자비심을 배우면 충만한 관계가 될 수 있어요. 관계에서 배우는 게 많고 성장할 수 있고 자비롭고 겸손한 사람이 될 수 있어요.

하지만 대부분 사람은 그렇게 하지 못합니다. 상대방은 자기를 비춰주는 거울인데 자기 모습이라고 인정할 수 있는 마음의 능력이 없어요.

불교에서 권장하는 것은 혼자만의 시간을 가지면서 마음의 능력을 키우는 겁니다. 내려놓고 수용할 힘이 있으면 인간관계가 성장할 수 있는 비옥한 밭이 되어줍니다.

핵심을 놓치지 말아요

핵심을 놓치지 말아요. 지능이 뛰어나고 많이 배웠지만 엄청 산만한 현대인들은 간략하고 단순하고 핵심적인 법을 수행하는 게 좋아요. 요즘 사람들은 핵심을 놓치고 딴 수행하기 바빠요.

Simplify. Simplify. Simplify.
핵심을 놓치지 말아요. 핵심은 알아차림, 알아차림의 표현은 자비입니다.

오직 모를 뿐! (생각을 버려라.)
오직 행할 뿐! (게으르지 마라.)
오직 사랑할 뿐! (타인을 아껴라.)

힘들게 살지 말아요

힘든 이유는
무엇을 하려고 해서
무엇을 해야 한다고 생각해서
무엇을 해결하려고 해서
힘들어요.
대부분은
해결할 게 아니에요.
결정할 게 아니에요.
결정해서 할 수 있는 것도 아니고
삶은 알 수 없고 예측할 수 없어요.
우리가 할 수 있는 것은
내맡기는 것
마음을 여는 것
기다려 보는 것
받아들이는 것
마음을 순수하게 가지는 겁니다.
힘들게 살지 말아요. 자기의 마음을 잘 돌보세요.

항상 해야 할 12가지

1. 항상 마음을 비워요. 깨어 있어요.
2. 항상 순수한 동기를 가져요. 확인해요.
3. 항상 마음을 편안하게 가져요. 릴랙스!
4. 항상 앞으로 나가요.
5. 항상 따뜻하게 인사해요.
6. 항상 긍정의 태도를 가져요.
7. 항상 겸손한 자세를 가져요.
8. 항상 중도를 지켜요. 복은 가운데 있어요.
9. 항상 평정심을 가져요. 흔들리지 말아요.
10. 항상 be yourself. 자신답게 살아요.
11. 항상 만족하세요. 감사하세요.
12. 항상 자신을 믿고 자신감을 가져요.

이제 자신을 위해 살아야 합니다

우리는 평생 남을 위해 살았어요. 부모부터 시작해서 남의 소유물로 살아왔어요. 남을 행복하게 하려고 평생을 허비했어요.

이제 자신을 위해 살아야 합니다. 자신을 위해 최선을 다해야 합니다. 자신의 삶을 책임져야 합니다. 자신만이 자신을 행복하게 할 수 있어요. 자신만이 자신을 해탈하게 할 수 있어요. 자신을 돕는 것이 남을 돕는 것이고 우주를 돕는 겁니다.

그 누구도 자기를 소유하면 안 돼요. 그 누구도 자기 수행을 방해하면 안 돼요. 자신의 빛을 찾아서 세상을 밝히세요.

알아 둘 핵심 금언 17가지

- 수행하는 사람은 우주가 돕는다.
- 법은 주인이 없다. 정진하는 사람이 주인이다.
- 정진의 반은 의미 없는 활동을 버리는 것이다.
- 지속적인 리마인드는 지속적인 알아차림을 갖는 것이다.
- 목숨이 걸려있는 것처럼 알아차려야 한다.
- 동기가 순수하면 결과가 항상 좋다.
- 내맡김보다 빠른 길이 없다.
- 해탈은 망상을 망상으로, 환영을 환영으로, 업을 업으로, 아집을 아집으로 보는 것이다.
- 자신을 아는 방법은 자신이 아닌 모든 것을 버리는 것이다.
- 괴로움은 자기가 만든 소설일 뿐이다.
- 신심과 사랑, 지혜와 자비, 자유와 평화 같은 좋은 모든 것은 자신의 본성이다.
- 기다려야 되는 것은, 변하는 것은 진실이 아니다.
- 습관적으로 생각하고 말하고 행할 수 있고 참본성으로 생각하고 말하고 행할 수 있다. 알아차림이 그 차이다.
- 무슨 일이 있어도 참본성은 영향받지 않고 오염될 수 없다.
- 행복을 찾는 것과 남을 바꾸려고 하는 것과 자신을 고치려고 하는 것은 평생 해도 무익하고 효과가 없다.
- 배고픈 사람은 밥을 먹어야 하고 괴로운 사람은 명상해야 한다.
- 깨달음은 자기 삶을 바쳐야 가능한 것이다. 매일 매시간 매 순간 구하는 것이다.

긍정의 마음

못 하는 것을 너무 개의치 말고 할 수 있는 것에 마음을 두어라.
부정에 마음을 뺏기지 말고 긍정의 마음을 키워라.
자신도 남들도 세상도 좋게 보자.
쉬는 것은 좋은데 시간은 허비하지 말자.
할 수 있을 때 할 수 있는 만큼 하자.
그냥 앞으로 나가다 보면 대부분의 일은 저절로 풀린다.
기다릴 줄 아는 사람에게 복이 온다.
여기 이 순간 말고는 수행이 없다.

무슨 일이 있어도 괜찮아요

삶은 이 순간

우리에게 있는 전부가 이 순간입니다. 삶은 여기 이 순간입니다.

과거에 대한 궁리와 미래에 대한 걱정으로 이 순간에 있지 못해요. 과거를 가엾게 반복하고 미래를 허망하게 희망합니다. 과거와 미래가 귀신처럼 우리를 쫓아다니고 이 순간을 오염시켜요.

이 순간을 잘 지키면 과거로 살지 않고 밝은 미래가 열립니다. 현존의 힘으로 과거도 미래도 저절로 해결됩니다. 현존의 힘이 깊어지면 자유도 충만함도 힘도 많아집니다.

과거는 신구의(身口意) 몸과 말과 마음의 기억을 의미합니다. 기억은 마음에만 있는 게 아니라 몸에도 말에도 있어요. 업의 암호는 기억입니다. 우리는 기억으로 살고 있어요. 이 순간을 지키면 기억을 초월할 수 있어요.

과거에 빠지지 않고 미래를 향하지 않고 이 순간을 자각하고 일어나는 생각은 내버려 두는 게 명상입니다. 이 순간만 현실이며 나머지는 판타지입니다. 허상을 살지 말고 실상을 사세요. 이 순간만 잘 지키면 인생의 주인이 됩니다.

슬럼프를 잘 넘기는 2가지 법

- **평소처럼 행하라**: 슬럼프에 개의치 말고 평소처럼 일어나고 할 일을 하고 갈 곳을 가고 만날 사람을 만나요. 슬럼프도 수명이 있어서 오래 가지 않아요. 모든 괴로움은 일시적인 현상에 마음을 팔아서 있는 겁니다.
- **자신에게 친절하라**: 슬럼프가 있을 때는 안 좋은 음식이 당기고 영화나 음악에 빠지게 돼요. 습관에 적당히 빠지는 것은 괜찮아요. 습관에 너무 빠지는 것도 아예 안 빠지는 것도 불친절합니다. 친절을 기준으로 자신을 대하세요.

일이 잘 풀리고 자신감이 있고 몸 상태도 좋다가 자신감이 없어지고 몸도 안 좋아지는 어두운 기간이 와요. 밝고 어두운 기간들이 번갈아 오가는 게 인생입니다. 슬럼프를 잘 넘기면 밝은 기간이 열립니다. 결국 슬럼프의 무상하고 실체가 없는 본질을 알게 됩니다.

수행이 답이에요

태도 하나만 바꾸면

자신이 문제가 아니라 자신의 허물이 문제가 아니라 자신의 집착과 습관이 문제가 아니라 자신의 허물과 집착과 습관을 대하는 태도가 문제입니다.

자기라고 생각하는 게 실제로 있는 게 아닌데 실제로 있는 것으로 생각해서 실제로 있는 것처럼 대하는 게 문제입니다. 자기라고 생각하는 모든 것이 실제 자기(참나)가 아닙니다. 자기를 대하는 방식 즉 태도 하나만 바꾸면 문제가 없어져요.

자신을 심각하게 불친절하게 가혹하게 못살게 대하는 게 문제입니다. 자신을 혐오하지 않고 자신을 가볍게 친절하게 관대하게 담담하게 여유롭게 너그럽게 대하면 문제가 없어요. 문제가 있어도 행복하니까 별문제가 되지 않고 잘 해결할 수 있어요. 변화도 자연스럽게 수월하게 와요. 태도 하나만 바꾸면 세상이 달라집니다.

불교는 행복으로 가는 길이 아니라 행복하게 가는 길입니다.

마음의 습관

우리가 괴로운 이유는 바라고 두려워하는 마음 때문입니다. 자기 마음이 만든 허상 말고는 다른 이유가 없어요. 한 생각이 일어나서 두 번째 세 번째 생각으로 이어가서 스스로 우울하게 합니다. 길들지 않은 마음이 불행이고 길들인 마음이 행복입니다.

　업은 딱 하나입니다. 좋은 것을 바라고 안 좋은 것을 두려워하는 마음의 습관입니다. 괴로움의 유일한 원인입니다. 주의하고 닦아야 할 유일한 것입니다. 바라고 두려워하는 마음의 작동이 강할수록 괴로운 것이고 약할수록 행복합니다. 정말 간단하지만 동시에 정말 어려워요. 업의 힘이 강력하기 때문입니다.

　알아차림 말고는 답이 없고 수행 말고는 도움 되는 게 없어요. 이래서 괴로우면 수행을 하라는 겁니다. 우울하면 명상해야 합니다.

수행이 답이에요

그냥 살아요. 그냥 수행해요. 그냥 사는 것 대신에 어떻게 살아야 하는 지 계속 알아내려고 합니다. 그냥 수행하는 대신에 수행에 대해서 배우기만 합니다.

처음에는 많이 배우고 중간에는 배우는 만큼 명상하고 끝에는 배우는 것은 많이 안 하고 명상을 많이 합니다. 결국 배운 것을 다 버려야 합니다.

수행은 얻는 게 아니라 버리는 거예요. 그냥 살고 그냥 수행하지 못하게 하는 마음의 습관을 버리는 겁니다. 이 순간을 살아요. 이 순간에 깨어 있어요. 이게 삶이에요. 삶이 지나가고 있어요. 이 순간을 놓치지 마세요.

수행이 답이에요. 방석에 앉아요. 마음을 비워요. 깨어 있어요. 끊임없이 버리고 비우고 내려놓고 깨어 있는 것. 이것 하라는 거예요. 교수 되려면 계속 배우세요. 괴로움에서 벗어나고 싶으면 계속 비우세요.

나는 걸림 없이 살 것이다

나는 걸림 없이 살 것이다.
나의 유일한 약속이다.
어떤 경우에도 중심을 잃지 않고
중심으로 살 것이다.
공이 바로 그 중심이다.
무엇이라고 할 수 없으므로
공이라고 한다.
바랄 것도 이룰 것도 없이
그저 공을 의지하여
두려움도 없는 것이다.
어떤 일이 있어도
공을 의지하기 때문에
괜찮은 것이다.
항상 걸리는 게 생각뿐이다.
매일 매시간 매순간
생각을 공으로 사라지게 둔다.
그 어떤 것도 원래 없는 것이며
있는 것으로 만들지 않는다.
계율도 하나, 걸림이 없는 것
수행도 하나, 걸림이 없는 것이다.

전환이 수행입니다

명상은 전환
구하는 마음에서 멈추는 마음으로
찾는 마음에서 쉬는 마음으로
하는 마음에서 존재하는 마음으로
산란한 마음에서 깨어 있는 마음으로
습관적인 마음에서 의도적인 마음으로
자동모드에서 명상모드로
이기심에서 이타심으로
욕심에서 출리심으로
현상을 집착하는 마음에서 현상을 비춰주는 마음으로
두려움에서 사랑으로
전환이 수행입니다.
자신은 고칠 게 아니라 알아갈 뿐이며
다른 사람은 고칠 게 아니라 아낄 뿐이며
삶은 고칠 게 아니라 경험할 뿐입니다.

받아들일 뿐

사람들이 엉뚱한 말과 행동을 하는 것은 잘 몰라서 습관적으로 하는 거예요. 어쩔 수 없어요. 원래 그런 거예요. 불이 원래 뜨거운 것처럼 사람들은 원래 이기적이고 집착이 많고 무지해요. 사람들에게 화를 내는 것은 불이 뜨거워서 화를 내는 것과 같아요.

잘 알잖아요. 부모가 원래 어떤지 알잖아요. 자식이 원래 어떤지 알잖아요. 친구들이 원래 어떤지 알잖아요. 자신이 원래 어떤지 알잖아요. 성격은 원래 안 고쳐져요. 기대하는 게 잘못이에요.

부모도 자식도 자신도 희망이 없어요. 부모도 자식도 자신도 원래 그런 거예요. 희망이 없는 게 안심이 되지 않나요? 자신도 남들도 세상도 고치는 게 아니라 받아들일 뿐이에요. 알고 보면 받아들이는 게 사랑이에요. 이게 할 수 있는 전부입니다.

나는 자신도 남들도 포기했어요. 마음이 얼마나 편한지요. 있는 그대로 자신도 남들도 인생도 너무 좋아요. 자신도 남들도 무한한 가능성이 있어요. 받아들이면 이게 저절로 드러나요. 자신도 남들도 사랑스러워요. 받아들임이 주는 선물입니다.

제자: 스승님, 받아들임이 도의 반이라고 들었습니다.
스승: 받아들임이 도의 반이 아니라 도의 전부다.

치유의 관문

욕먹는 게 꼭 나쁘지 않아요. 누가 우리 욕하는 것은 중요하지 않아요. 욕 잘 먹는 게 중요해요. 욕 잘 먹을 줄 알면 사람이 됩니다.

미움받는 게 어때요? 미움받을 수밖에 없어요. 부처님도 예수님도 미움을 받았어요. 누가 우리를 미워하는 것은 상관없어요. 미움을 잘 받을 줄 아는 게 중요합니다. 미움받을 줄 알면 사람이 됩니다.

무시를 좀 당하면 어때요? 무시를 당하는 게 좋아요. 에고에게 안 좋은 것은 우리에게 좋은 거예요. 무시를 당해도 아무렇지 않으면 사람이 됩니다.

상처받을 줄 알고
손해 볼 줄 알고
질 줄 알고
억울할 줄 알고
망신당할 줄 알고
욕먹을 줄 알고
미움받을 줄 알면
정말 사람이 됩니다.
두려움이 없는
용감한 사람이 됩니다.
수행은 고통을 좋아하는 겁니다.
처음부터 좋아하기 어렵더라도
좋게 볼 수는 있어요.

취약성이 치유의 관문입니다. 취약성이 건드려질 때 용기를 가져서 마음을 들여다볼 수 있다면 치유가 됩니다. 밖을 보지 말고 마음을 보세요. 아플 수 있으면, 아파도 괜찮으면 치유가 됩니다. 꺼리지 않고 아픔과 고통과 함께할 수 있는 게 대담무쌍한 참다운 인간이 되는 길입니다.

이게 사랑입니다

인간이 수행자가 되는 게 아니라 수행자가 인간이 되는 것이라는 말
이 있어요. 뛰어나고 청정하고 거룩한 사람이 되는 게 아니라 나아질
필요가 없고 청정해질 필요가 없고 거룩해질 필요가 없는 것을 깨우
치는 게 수행입니다. 이대로 충분하고 충만하고 이미 행복하다는 것
을 깨우치는 겁니다. 완벽하지 못한 자신과 완벽하지 못한 남들과 완
벽하지 못한 인생을 사랑하는 게 수행입니다.

판단하지 않는 것
따뜻하게 환영하는 것
언제나 부드러운 것
무척 좋아하는 것
이게 사랑입니다.

나는 자신도 남들도 인생도 무척 좋아하기로 했어요. 자신과 남들과
싸울 시간이 없어요. 곧 영원히 헤어질 당신과 항상 영원 속으로 사라
지는 이 순간을 무척 좋아하기로 했어요.

발원과 기대의 차이

발원과 기대는 비슷하게 생겼지만 완전히 다릅니다. 깨어 있기를 바라는 것은 발원이고 깨어 있지 않으면 안 되는 것은 기대입니다. 결과와 경험에 중요성을 두는 게 기대이며 최선을 다하는 것에 중요성을 두는 게 발원입니다. 발원은 짧게 자주 해야 하지만 기대는 항상 버려야 합니다. 발원은 훌륭한 동기부여가 되고 기대는 모든 것을 망쳐요.

수행할 때 자꾸 실망하고 자책하는 것은 기대 때문입니다. 기대가 없으면 장애도 없어요. 그냥 알아차리면 되는 것이 발원이고 알아차려서 고요하고 행복해야 하는 것은 기대입니다. 명상은 여유롭게 너그럽게 천천히 친절하게 하는 겁니다. 기대와 강박으로 하면 잘 안 돼요. 발원은 긍정적이고 고무적이며 지침이 됩니다. 기대는 사람을 초조하게 불만족스럽게 모자라게 만듭니다. 발원은 목적을 향해서 나가게 하고 기대는 실망하게 합니다. 발원은 방향이고 기대는 집착입니다.

여생을 수행으로 삼고 싶은 것은 발원입니다. 수행으로 고통이 없고 행복하기를 바라는 것은 기대입니다. 자식이 좋은 사람이 되기를 바라는 것은 발원입니다. 자식이 훌륭한 사람이 되어야 한다는 것은 기대입니다. 발원은 힘이 되고 기대는 부담이 됩니다.

가장 높은 발원은 보리심입니다. 참본성에 깨어나서 모든 중생도 참본성에 깨어나게 하고 싶은 마음입니다. 가장 높은 발원으로 가장 낮은 기대로 수행하는 것이 참 행복합니다. 성공과 행복의 비결은 발원이 높고 기대가 낮은 겁니다.

기억하라, 기억하라, 기억하라

나는 까먹었다.

행복해야 한다는 것, 이미 행복하다는 것 까먹었다.

부족함이 없는 것, 이대로 충분하고 이대로 충만하다는 것 까먹었다.

너무 애쓰지 않아도 된다는 것, 다른 사람의 인정이 필요 없다는 것,
이미 좋은 사람이라는 것 까먹었다.

웃어야 한다는 것, 남들과 행복을 나누는 것 까먹었다.

살고 살아 있는 것, 가슴을 따르고 나만의 삶을 사는 것 까먹었다.

쓸데없는 생각을 굴리느라고 바빠서 까먹었다.

'슬픈 나'에 대한 소설을 쓰느라고 바빠서 까먹었다.

남을 판단하고 남과 비교하고 좋아하고 싫어하느라 바빠서 까먹었다.

좋은 것을 갈망하고 안 좋은 것을 거부하느라 바빠서 까먹었다.

기억하라. 기억하라. 기억하라.

내가 누군지 왜 사는지 기억하라.

유일한 죄는 까먹는 것이고

유일한 수행은 기억하는 것이다.

중생과 부처

깨달음을 너무 어렵게 생각하지 마세요. 여기 이 순간에 깨어 있고 자비로운 게 깨달음입니다. 이미 붓다인 것처럼 사는 거예요. 왜냐하면 이미 그리고 줄곧 붓다이기 때문이에요. 항상 가능한 본성의 평화와 자비와 지혜로 사는 겁니다. 부처가 되는 게 아니라 부처로 사는 게 깨달음입니다.

깨달음은 추구하는 게 아니라 표현하는 거예요. 깨달음은 이루는 게 아니라 연습하는 거예요. 깨달음은 기르는 게 아니라 알아보는 거예요. 깨달음으로 가는 게 아니라 깨달음과 함께 가는 거예요. 티베트 불교에서는 근도과(根道果)가 하나입니다.

'나'에 대한 스토리에 사로잡혀 있을 때 중생이고 비어있고 명료한 마음으로 살 때 붓다입니다. 좋아하고 싫어하는 드라마에 엉켜 있을 때 중생이고 분별없는 평정심으로 살 때 붓다입니다. 자기만 생각할 때 중생이고 타인을 생각할 때 붓다입니다.

오늘은 어떻게 살 건가요? 자기가 중심인 좁은 머릿속에 중생으로 살 건가요? 무한한 본성으로 지혜롭게 자비롭게 살 건가요? 머리로 뭘 만들지 않고 자비로울 때 당신이 부처님입니다.

명상의 3가지 기본

1. **열린 마음**: 일체 기대 없이 온전히 순수하게 마음을 비우고 무한하게 엽니다. 원하는 게 아무것도 없어요. 이게 명상의 시작이며 기반입니다. 바라는 마음으로 명상을 하면 잘 안 됩니다.
2. **친절**: 아무리 초조하고 아프고 산만해도 좌절하지 않고 자책하지 않고 항상 자신에게 친절합니다. 불친절한 마음으로 명상을 하면 잘 안 됩니다.
3. **여유**: 명상에서는 천천히 가는 길이 제일 빠른 길입니다. 명상은 여기서 저기로 가는 게 아니라 여기서 여기로 가는 거예요. 무엇을 해야 한다는 강박으로 쫓기는 마음으로 명상을 하면 잘 안 됩니다.

명상이 어려운 이유는 기본을 갖추지 못하기 때문입니다. 바라는 게 하나도 없고 자신에게 한없이 너그럽고 이미 깨달은 것처럼 여유가 있으면 명상이 잘 될 수밖에 없어요. 알아차림이 계속 찾아와요.
명상은 무엇을 얻는 것도 기르는 것도 아닙니다. 깨달음을 표현할 뿐, 그저 존재할 뿐, 그저 지켜볼 뿐입니다.

얻을 것도 잃을 것도 없는 마음으로
할 것도 하지 말 것도 없는 마음으로
열려 있고 친절하고 여유로운 마음으로
하늘처럼 광활하게 여유롭게 무한하게
모든 것을 허용합니다.

화낼 일이 없어요

강아지에게 화를 낼 때 화가 났다는 것을 강아지가 알아요. 그런데 왜 화가 났는지는 몰라요. 아이들에게 화를 낼 때 화가 났다는 것을 아이들이 알아요. 그런데 왜 화가 났는지 정확히 이해를 못 해요. 다른 사람들에게 화를 낼 때 화가 났다는 것을 알지만 왜 화를 내는지 정확히 이해를 못 해요. 그냥 꼰대로 볼 뿐입니다.

타인의 행동으로 잠재된 분노가 일어나서 화를 내는 겁니다. 남의 행동은 조건일 뿐 원인은 뿌리 깊어요. 분노가 적당할 때도 있지만 대부분은 별 좋은 이유가 없어요. 다른 사람을 이해시키기도 어렵고 그들의 탓이라고 하기도 어렵고 조건에 의해서 쌓인 분노가 나타난 것이라고 하는 게 제일 정확합니다.

남들은 무지해서 우리의 분노를 일으키지만 분노는 자기만의 책임입니다. 화가 날 때 쌓인 분노를 날릴 수가 있어요. 쌓인 분노가 모든 고통과 깊은 연관성이 있으므로 우리의 제일 큰 숙제입니다. 알고 보면 강아지에게도 사람에게도 화낼 일이 없어요.

오직 내려놓을 뿐! 오직 사랑할 뿐! 참 어렵지만 꼭 해야 할 수행입니다. 분노를 잘 알아차릴수록 화낼 일의 횟수와 강도가 줄어들고 결국 참된 사랑과 행복을 알게 됩니다.

수행의 핵심

자신의 숨어 있는 허물을 알아차리는 게 수행의 핵심입니다. 인정하면 날아갑니다. 허물을 알아차릴 방법 몇 가지를 공유합니다.

- 남의 지적을 받을 때 마음이 올라오면 허물이 있는 겁니다. 습관적으로 방어하고 부인하는 마음을 내려놓을 수 있다면 자신의 허물을 인정할 수 있어요. 너무나 아프고 어려운 일이지만 할 수 있다면 업장 소멸이 됩니다. 반면에 지적을 받을 때 아무렇지 않으면 허물이 없는 겁니다. 다른 사람이 잘못 보는 겁니다.
- 미운 사람이 자신의 숨어 있는 허물을 비춰주는 거울입니다. 그들로 인하여 스스로 인정하지 못 하는 자신의 못된 면을 알게 될 수 있어요. 미운 사람을 멀리 하지 마세요. 수행자에게는 꼭 필요한 귀한 존재입니다.
- 자식이나 가까운 친구나 배우자에게 자기 허물이 무엇인지 물어보세요. 뭐가 제일 큰 번뇌인지 지적해 달라고 해 보세요. 아무래도 가까운 사람이 우리를 제일 잘 압니다. 그런데 마음의 힘이 충분치 못하면 지적해 달라고 하지 마세요. 상처만 될 수 있기 때문입니다.

지적을 받는 것은 수행자에게 좋은 일이지만 지적을 하는 것은 보통 상처가 되고 결과가 좋지 않아요. 지적을 받아서 성찰하는 사람이 거의 없기 때문입니다.

자책과 자신의 허물을 인정하는 것은 다릅니다. 자책은 파괴적이고 알아차림이 없는 겁니다. 너무 안 좋은 습관입니다.

자신이 자신을 잘 모릅니다. 자신을 알아가는 게 수행의 핵심이며 어둠 속에 있는 허물을 빛으로 가져오는 겁니다. 의식하지 못한 허물을 의식하는 게 수행의 진수입니다.

걱정하지 말아요

님이여 걱정하지 말아요.
그 어떤 것도 영원하지 않아요.
님이여 걱정하지 말아요.
결국 괜찮을 거예요.
님이여 걱정하지 말아요.
운이 다할 수 없어요. 희망은 항상 있어요.
님이여 걱정하지 말아요.
우리의 가능성은 언제나 무한해요.
님이여 걱정하지 말아요.
잘하고 있어요. 좋은 사람이에요.
님이여 걱정하지 말아요.
당신은 이대로 충분해요.
님이여 걱정하지 말아요.
자신에게 관대하고 친절하세요.

참본성과의 연결

불교는 좋아지는 게 아니라 좋아질 필요가 없는 참본성과 연결하는 겁니다. 좋아지고 성장하고 변해야 하는 강박감이 엄청난 고통과 어둠을 가져옵니다. 이 강박감이 없을 때 세상은 아름답고 수행은 쉬워요!

우리 자체가 좋아질 수 없는 이유는 이미, 줄곧, 그리고 영원히 완벽하기 때문입니다. 수행의 시발점은 완벽함입니다. 완벽해지는 게 아니라 완벽하지 못하다는 모든 개념을 버리는 겁니다.

수행해서 달라지는 게 관점뿐입니다. 관점이 밝으면 어디서 무엇을 하더라도 세상이 아름답고 관점이 어두우면 어디서 무엇을 하더라도 세상이 안 좋아요.

좋은 모든 것은 참본성과 연결해서 있는 것이고 안 좋은 모든 것은 참본성과 분리되어서 있는 겁니다. 우리가 절실히 원하는 행복은 참본성과의 연결입니다. 우리가 절실히 싫어하는 불행은 참본성과의 분리입니다. 연결은 알아차림을 의미하며 분리는 산란함을 의미합니다. 매우 간단하지만 연습이 필요해요.

우리 시대의 기도

한국뿐만 아니라 세계 곳곳에 우리의 기도가 필요한 시대입니다. 생각이 날 때나 뉴스를 볼 때마다 짧게 기도를 올릴 수 있어요. 옴마니밧메훔은 언제나 좋고 무량수불다라니와 사무량심이 적합하다고 생각합니다. 통렌 수행도 좋아요. 들숨과 함께 '모든 중생 고통과 고통에서 벗어나기를' 날숨과 함께 '모든 중생 행복과 행복의 원인 갖기를'이라고 말해봅니다.

사무량심

모든 중생 행복과 행복의 원인 갖게 하소서
모든 중생 고통과 고통의 원인에서 벗어나게 하소서
모든 중생 고통 없는 기쁨과 떨어지지 않게 하소서
모든 중생 애증 없는 평등심에 머물게 하소서

무량수불다라니

옴 나모 바가와떼 아빠리미따 아율갸나 수비니시찌따 떼조라자야 따타가따야 알핫떼 삼약삼 붓다야 떼야타 옴뿌녜뿌녜 마하뿌녜 아빠리미따뿌녜 아빠리미따뿌냐 갸나삼바로빠찌떼 옴살와 삼스 까라 빠리슈데 달마떼가가나 사뭇가떼 스바바와 비슈데 마하나야 빠리와레 스바하

삶을 살기로 한다

머리에는 걱정이 없고
가슴에는 한이 없고
몸에는 긴장이 없는
삶을 살기로 한다.

생각은 잡념 없이
말은 나무랄 데 없이
행동은 주저 없는
삶을 살기로 한다.

많이 감사하고
많이 베풀고
많이 웃는
삶을 살기로 한다.

비교하지 않고
기대하지 않고
비판하지 않는
삶을 살기로 한다.

자신에게 친절하고
타인에게 따뜻하고
인생에 만족하는
삶을 살기로 한다.

미움받을 수 있고
욕을 먹을 수 있고
상처 입을 수 있는
삶을 살기로 한다.

자기 자신을 알아요?

자기 자신을 알아요?
당신은 사랑 그 자체
자유 그 자체예요.
줄곧, 이미, 영원히
부족함이 없어요.

자기 자신을 알아요?
당신은 무한한 자비
무한한 지혜
무한한 힘이에요.
당신은 한없는 평화
한없는 기쁨
한없는 사랑이에요.
당신은 조건 없는 행복
조건 없는 자유
조건 없는 사랑이에요.
당신은 부처님이에요.

왜 부처님을 고치려고 해요?
왜 부처님을 비하해요?
부처님이 되는 게 아니라
이미 부처님이에요.
인정할 뿐이에요.
일체 바라는 게 없을 때
깊이 만족하고 감사할 때
그냥 고요히 있을 때

마음

부처님을 만날 수 있어요.
고요하고 명료한 마음!
이게 부처님이에요.

자신감을 가져요!
자신감이 전부예요.
내 말 좀 믿어요.
당신 아닌 모든 것을 버리고
이미 자비로운
이미 자유로운
이미 행복한
이미 지혜로운 자신과
함께 하면 돼요!
괜히 고통받는 당신
허망하게 무엇을 찾는 당신
더 이상 찾지 말아요.

그냥 쉬어요.
지친 당신 마음을
참본성의 무한한 평화에 쉬어요.
쉬는 것 말고는 수행이 없어요.
매순간 마음을 비워요.
매순간 마음을 쉬어요.
설득이 필요한 전부예요.
내 말 좀 믿어 봐요.

You are love.
You are whole.
You are free.
잊지 말아요.
늘 상기하고 인정해요.
고요하고 명료한 마음,
당신 자체를 한순간도
배신하지 말아요.

그러려니

무슨 일이 있어도 '그러려니' 하세요. 행복이 있을 때도 그러려니 하시고 고통이 있을 때도 그러려니 하시면 됩니다.

　만날 행복하고 만날 좋은 일만 있기를 바라는 마음이 문제이며 매우 비현실적입니다. 행복을 원하면 고통도 원해야 합니다. 아니면 둘 다 원하지 말든지요. 행복도 고통도 사기입니다. 속지 말고 그러려니 하세요.

　힘이 있다가 힘이 없고, 기분이 좋다가 기분이 나쁘고, 좋은 일이 있다가 안 좋은 일이 생기고, 이게 인생입니다. 좋은 경험도 나쁜 경험도 없어요. 받아들이면 좋은 경험이 되고 받아들이지 못하면 안 좋은 경험이 됩니다. 무슨 일이 있어도 그러려니 하세요.

불교는 자기 해체입니다

자신을 고치려고 해서 행복하지 못합니다. 평생 자신을 고치려고 했는데 결과적으로 엄청난 힘만 빼앗기고 없는 나를 좋게 하려고 해서 괴롭기만 했어요. 자기 계발은 어리석은 사람을 위한 거예요. 불교는 자기 계발이 아니라 자기 해체입니다.

자신을 고치려고 한 만큼 알아차리려고 했다면 이미 해탈했어요. 자신의 허물은 자기가 아니에요. 자기 아닌 것에 더 이상 힘을 쓰지 말고 자기인 것에 힘을 쓰세요. 자기는 지혜롭고 자비로운 알아차림입니다. 고요하고 명료한 마음입니다.

우리 안에 깡패도 성인도 있어요. 깡패는 그냥 두고 성인과 함께하세요. 깡패와 엉켜서 좋은 일이 없어요. 인정할 뿐, 알아차릴 뿐입니다.

우리는 완벽해질 수 없어요. 이미 완벽하기 때문입니다. 완벽한 자신을 드러낼 뿐입니다. 허물은 없어요. 없는 것을 있는 것으로 착각하지 마세요. 불성은 있어요. 있는 것을 없는 것으로 착각하지 마세요.

자신을 고치려고 하는 습관을 버릴 때 얼마나 자신이 사랑스러운지요. 몸도 모든 것도 그냥 좋아요. 그리고 남들도 세상도 너무 좋아요.

모든 순간 알아차림

알아차림을 우선으로 삼고 경험을 두 번째로 삼아요. 경험이 중요한 게 아니라 알아차림이 중요합니다. 경험은 항상 변하지만 알아차림은 변하지 않아요. 알아차림의 내용을 주의하지 말고 알아차림 자체를 주의하세요.

알아차림은 슬픔을 올려주고 들뜸을 가라앉혀 줍니다. 알아차림이 중도이며 평정심입니다. 피곤함도 피곤하지 않게 하고 불안도 불안하지 않게 하고 슬픔도 슬프지 않게 합니다. 알아차림이 여의주이며 감로이며 열반이며 만병통치약이며 보리심입니다. 알아차림의 본질은 지혜, 알아차림의 본성은 자비, 알아차림의 정체는 사랑입니다.

알아차림을 생각하고 알아차림을 결심하고 알아차림을 꿈꾸고 알아차림을 먹고 마셔요. 알아차림에 대한 욕망으로 모든 욕망이 포섭됩니다. 알아차림을 마음에 두고 나머지는 그냥 두세요.

알아차림을 인생으로 삼고 한순간도 놓치지 말아요. 그래야지만 행복하고 남들도 행복하게 할 수 있어요. 그래야지만 해야 할 일을 다할 수 있어요. 그래야지만 무의식적으로(무심코) 살지 않을 수 있어요. 그래야지만 업(생각)의 엄청난 힘을 돌이킬 수 있어요. 그래야지만 의도적으로, 의식 있게 살 수 있어요. 부처가 되지 마세요. 부처로 살아요.

인욕바라밀의 3가지 종류

1. 사람에 대한 인욕수행입니다. 해를 당해도 반응하지 않아요. 누가 욕을 해도, 누가 돈을 훔쳐 가도, 해를 끼치는 사람에게 원망을 품지 않는 겁니다. 분노와 미움을 내려놓는 수행입니다.

2. 상황에 대한 인욕수행입니다. 어려움이 있어도 그것으로 무엇을 만들지 않고 계속 앞으로 나가는 겁니다. 넘어져도 툭툭 털고 다시 일어나요. 무슨 일이 있어도 좌절에 빠지지 않고 좋은 태도를 가지는 겁니다.

3. 삼륜(주체, 객체, 행위)을 벗어난 인욕수행입니다. 인욕 하는 사람도 인욕 하는 대상도 인욕 하는 행위도 실제로 있지 않다는 공성수행입니다. 공성은 가장 높은 인욕수행입니다.

나로 산다는 게 무슨 뜻일까?

기쁨도 슬픔도 오고 가지만 나는 여전하다. 행복도 고통도 오고 가지만 나는 여기 있다. 어린 시절도 청춘도 지나갔지만 나는 여전하다. 어제도 오늘도 내일도 나는 여기 있다. 언젠가는 몸도 없을 것이고 이름도 없을 것이고 재산도 없을 것이고 이생도 없을 것이다.

이생 전에도 이생 후에도 나는 있다. 모든 것이 오고 가지만 나는 항상 여기 있다. 모든 게 달라지지만 나는 여여하다. 나는 무엇일까? 나는 누구일까? 나로 산다는 게 무슨 뜻일까?

생각과 감정을 넘어서
행복과 고통을 넘어서
시간과 공간을 넘어서
몸과 형태를 넘어서
이름과 정체성을 넘어서
나는 있다.
자아감
존재감
자각감
현존감
나라는 느낌
이게 무엇인가?
이것을 주의하는 게 화두다.

나를 모르면 아무것도 모를 것이고 나를 알면 다 알 것이다. 나를 모르는 게 고통이며 윤회이며 무명이다. 나를 아는 게 행복이며 해탈이며 지혜다.

나를 아는 것, 나로 사는 것, 이게 화두다.

어려움을 이겨낼 수 있는 티베트명상

요즘 몸도 마음도 힘든 사람이 너무 많네요. 어려움을 잘 이겨낼 수 있는 티베트명상 3가지를 소개합니다.

- **역행명상**: 어려움을 좋게 보는 겁니다. 수행의 기회로 삼고 긍정적인 태도를 가집니다. 상황보다 태도가 중요합니다. 태도만 좋으면 상황은 견딜 수 있어요. 지옥을 천당으로 만들어주는 게 태도입니다. 태도가 좋으면 어려움에서 마음의 힘을 키우고 배울 것도, 얻을 것도 많아요. 어려움보다 더 훌륭한 스승이 없어요.
- **통렌명상**: 어려움을 자비심으로 탈바꿈합니다. 어려움으로 인하여 모든 중생의 어려움이 없기를 바라는 자비심을 냅니다. 자기 고통으로 남의 고통에 대한 연민을 갖는 것은 어렵지 않아요. 자비심이 있으면 무한한 힘과 평화가 있어요. 행복의 가장 중요한 조건인 자비심을 배우는데 고통보다 더 좋은 기회가 없어요. 범위를 넓혀서 수 없는 중생의 고통을 생각하면 자신의 고통은 아무것도 아닌 것 같아요.
- **본성명상**: 생각으로 일절 무엇을 만들지 않고 고요하고 명료한 마음을 유지합니다. 모든 생각을 알아차림 속에 녹이는 겁니다. 모든 고통과 장애는 생각을 믿고 따라가서 있는 겁니다. 생각이 이어가기 시작할 때 위험한 줄 알고 있는 대로 사라지게 둡니다. 생각이 이어가지 않으면 고통도 이어가지 않아요.

어려움 때문에 어려운 것보다 마음 때문입니다. 어려움이 있을 때 수행을 기억만 할 수 있다면 잘 이겨낼 수 있어요. 잘 다루면 인생에 어려움만큼 도움 되는 게 없어요!

모든 것은 때가 있어요

기다리는 사람에게 복이 있다는 영어 속담이 있어요.

때가 되면 할 일을 할 것이고
때가 되면 말할 것을 말할 것이고
때가 되면 배울 것을 배울 것이고
때가 되면 받을 것을 받을 것입니다.

모든 것은 때가 있어요. 때가 와요. 때가 오면 쉽게 저절로 하게 됩니다. 때가 아닐 때는 농사를 수확하면 안 되고 때가 되기 전에는 과일을 먹으면 안 되는 것처럼 때가 되기 전에는 하면 안 되는 것이 자연의 이치입니다. 미리 걱정하고 기다릴 줄 모르고 욕심으로 너무 빨리하려고 해서 망쳐요.

마음이 급할 때 '때가 되면 할 거라고' 자신에게 알려 주세요. 생각을 보류하고 기다려 보면 인연 따라 순리대로 잘하게 됩니다. Good things come to those who wait.

우울에서 배울 게 많아요

불교에서는 우울한 게 나쁜 게 아니라 정상이라고 해요. 우울한 것은 인생의 슬픈 본질을 알아차리는 거예요. 우울하면 생각이 총명하고 세속에 관한 관심이 없어져요. 우울한 사람들이 의미 있게 살아요. 역사상 위대한 인물들이 많이 우울했어요.

다 우울해요. 어떤 사람은 우울함에 민감할 뿐이에요. 우울한 사람은 민감한 사람이에요. 삶의 본질이 행복이 아니라 우울이에요. 윤회에서는 티끌만큼의 행복이 없다고 해요.

우울한 것은 당연하고 없애는 게 아니에요. 함께 잘 살 수 있어요. 알고 보면 큰 도움이 되는 벗이에요. 우울증이 생겼으면 자신에게 친절할 만큼 우울하세요. 너무 우울하지 않으려고 하는 것도 너무 우울한 것도 안 좋아요. 적당히 우울해서 우울함과 화목하게 지내요. 우울에서 배울 게 많아요.

기다리는 수행

- 몸이 약할 때는 마음을 믿지 말고 기다려 봐라. 몸이 회복되면 마음도 회복된다.
- 결정을 못 할 때는 생각을 접고 기다려 봐라. 좋은 결정은 생각으로 갖는 게 아니라 생각을 접은 상태에서 저절로 떠오른다.
- 어떻게 답변을 해야 할지 모를 때 기다려 봐라. 마음을 비우면 어떻게 답변을 해야 할지 알게 된다.
- 무엇을 알려고 할 때 기다려 봐라. 알아내려고 해서 알 수 있는 것보다 알려고 하는 마음을 접을 때 알게 되는 경우가 많다.
- 결론을 내리고 싶을 때 기다려 봐라. 결론은 환영이다. 결론을 내릴 필요가 없다.
- 판단하고 싶을 때 기다려 봐라. 판단하지 않은 것을 다행히 여길 것이다.
- 비판하고 싶을 때, 비교하고 싶을 때, 험담하고 싶을 때, 자랑하고 싶을 때 입을 다물고 기다려 봐라. 절대 후회하지 않을 것이다.
- 감정이 실린 말과 행동을 하고 싶을 때 기다려 봐라. 마음이 차분해지면 명료하게 생각과 말과 행동을 할 수 있다.
- 좌절하고 싶을 때 기다려 봐라. 좌절과 낙담에 빠질수록 오래 간다. 기다려 보면 긍정의 마음이 저절로 돌아온다.
- 마음이 복잡할 때 가만히 기다려 봐라. 생각만 굴리지 않으면 마음이 저절로 고요해진다.

기다리기보다 더 쉽고 훌륭한 수행이 없어요. 행복도 사랑도 지혜도 기다리면 우리를 찾아와요. 사실은 이미 줄곧 그리고 항상 있어요. 기다림의 공간을 주면 경험하기 마련입니다. 아무것도 안 하는 사람에게 행복이 있고 기다리는 사람에게 지혜가 있어요.

끝

분노는 한순간
따라가지 않으면 끝
절망은 한순간
빠지지 않으면 끝
욕심은 한순간
부리지 않으면 끝
미움은 한순간
키우지 않으면 끝
불안은 한순간
생각을 믿지 않으면 끝
슬픔은 한순간
스토리를 만들지 않으면 끝

감정이 일어나는 순간에는 돌리기 쉬워요. 한순간만 지나가게 허용하면 끝이에요. 빠지면 오래 가고 습관이 되면 감당하기 어려워요. 번뇌가 일어나는 즉시 얼마나 위험한지 알고 정신이 번쩍 들게 잘 알아차려야 합니다. 불씨처럼 번지게 하면 오래 가는 불필요한 괴로움을 만듭니다.

평정심을 잃지 마세요

'이다, 아니다' 이게 정말 부질없는 겁니다. 누가 좋은 사람이고 누가 나쁜 사람이에요? 친구가 적이 되고 적이 친구가 돼요. 무엇이 좋고 무엇이 나빠요? 좋은 것도 나쁠 수 있고 나쁜 것도 좋을 수 있어요.

높은 게 어디 있고 낮은 게 어디 있어요? 올라가면 내려오고 내려가면 올라가요. 인생의 우여곡절에서 평정심을 잃지 마세요. 알 수 없다는 것을 인정하고 몰라도 되는 마음을 유지하세요.

수행의 그릇

유머바라밀

우리 가볍게 살아 보면 어떨까요. 삶은 비극이 아니라 코미디입니다. 화가 나는 것은 괜찮아요. 답답한 것은 어쩔 수 없어요. 속상한 것은 당연한 거예요. 좌절하는 것은 피할 수 없어요. 다만 집착하지 마세요. 가볍게 받아들이세요. 감정을 숨길 필요 없어요. 다만 악이 없어야 합니다. 악이 있으면 오래 가요.

살다 보면 원치 않은 일이 생기는 것은 당연한 거예요. 누구 탓도 아니에요. 한바탕 웃어보라고 인생이 장난치는 거예요. 알고 보면 웃기는 일은 많지만 심각한 일은 없어요. 시간이 지나면 아무 일이 없었어요.

7번째 바라밀, 유머바라밀. 잊지 마세요!

여기 이 순간

삶의 본질을 알고 싶으세요? 여기 이 순간입니다.

경험의 본질을 터득하고 싶으세요? 여기 이 순간입니다.

자신의 본성을 깨우치고 싶으세요? 여기 이 순간입니다.

다른 것은 몰라도 여기 순간을 놓치지 마세요.

모든 것을 버려도 여기 순간은 버리지 마세요.

행복을 원하세요? 지혜를 원하세요? 사랑을 원하세요? 치유를 원하세요? 여기 이 순간입니다. 너무 당연하지만 아무도 모르는 드러난 비밀입니다.

삶의 목적은 살아 있는 것입니다. 삶은 오직 여기 이 순간입니다. 인생이 진행되고 있어요. 여기 이 순간. 놓치지 마세요.

모든 감정과 느낌은 오고 가요

감정이 지나갈 줄 알면 감정에서 벗어나요. 분노가 지나갈 줄 알면 화를 안 내도 돼요. 우울이 영원하지 않다는 것을 알면 해방감을 느껴요. 항상 불안하지 않을 것이라는 것을 알면 견딜 만해요.

　　감정이 일어날 때 생각을 따라가면 안 돼요. 말과 행동을 자제하고 지나갈 줄 알고 기다려 보세요. 모든 감정과 느낌은 오고 가요. 느낌뿐이며 원래 좋지도 나쁘지도 않아요. 무상을 아는 것이 지혜이며 해탈입니다.

생각의 종류 5가지

- **잡념**: 이런저런 생각을 하는 몽상을 의미합니다. 여기 이 순간에 있는 게 지루하다고 생각해서 과거나 미래에 빠집니다. '나'가 중심인 생각이며 산만한 습관을 키웁니다.
- **나쁜 감정과 함께 오는 생각**: 반응하는 마음에서 일어나는 생각들이며 자기집착을 강화하고 '나'가 중심입니다.
- **창의적 생각**: 본성의 무한한 가능성에서 일어나는 자유로운 생각들입니다. 자기중심이 아닙니다.
- **현실적인 생각**: 무엇을 계획할 때나 어디 갈 때 머리를 쓰는 실용적인 생각들입니다. 자기중심이 아닙니다.
- **고귀한 생각**: 진리를 가르키고 참본성을 드러나게 하는 생각들입니다. 자비롭고 지혜로운 생각들이며 '나'를 집착하지 않습니다. 생각으로 생각에서 벗어나 고요하고 명료한 본성에 이르게 합니다.

생각이 다 나쁜 게 아닙니다. 인간의 지성은 놀랍고 귀한 선물입니다. 자기중심인 생각으로 고통을 만들지 말고 지력을 잘 활용해서 행복하고 해탈하세요.

왜 변화를 거부하세요?

안 좋은 모든 감정은 좋은 거예요. 성장과 변화는 다른 데 없어요. 사랑은 미움에서 찾고 기쁨은 질투에서 알게 되고 내려놓음은 집착에서 배워요. 분노와 사랑은 둘이 아니고 번뇌와 지혜는 같아요.

　왜 변화를 거부하세요? 번뇌에 마음을 열면 변하기 어려운 이 마음이 변해요. 번뇌가 어려운 게 아니라 번뇌를 거부하는 게 어려워요. 외면하면 좋은 일이 없고 계속 힘들어요. 모든 상황을 좋게 보고 기회로 삼으세요. 번뇌를 기다리고 준비하고 일어나는 순간에 허용하고 느껴 보세요. 카타르시스가 일어나요!

우리 일이 아닙니다

미움을 받는 것은 우리 일이 아닙니다. 도로 미워하지 않는 것이 우리 일입니다. 다른 사람의 생각과 말과 행동은 우리 일이 아닙니다. 자기 생각과 말과 행동은 우리 일입니다. 욕먹는 것은 우리 일이 아닙니다. 욕먹을 때 반응하는 마음을 내려놓는 것이 우리 일입니다. 무시를 당하는 것은 우리 일이 아닙니다. 무시를 당해도 아무렇지 않은 게 우리 일입니다. 무슨 일이 생기는 것이 우리 일이 아닙니다. 포기하지 않고 최선을 다하는 것이 우리 일입니다.

욕을 먹는 것이 미움을 받는 것이 돈을 잃는 것이 병이 생기는 것이 집착하지 않으면 결코 문제가 될 수 없어요. 문제는 문제로 삼아야 문제가 됩니다. 무슨 일이 있어도 우리 일만 잘하면 됩니다. 자기 마음을 보살피는 것만 잘하면 됩니다.

불교는 지혜와 방편입니다

우리나라 수행자들은 공을 너무 좋아하고 집착해요. 저도 그래요. 공은 불교의 핵심이지만 다는 아닙니다. 공에 치우치면 모든 게 무의미해지고 행동이 느슨해져요. 의욕도 없어지고 공허합니다. 보이는 게 다인 줄 아는 사람이 불쌍하지만 공만 있는 줄 아는 사람이 더 불쌍하다고 용수보살이 말했어요.

공과 행동에 균형이 있어야 합니다. 마음은 허공처럼 걸림이 없어야 하지만 행동은 인과를 엄밀히 존중해야 합니다. 껍데기보다 알맹이가 더 중요하지만 껍데기가 없으면 알맹이도 없잖아요. 형식에서 핵심을 놓치면 안 되지만 형식도 중요합니다. 색에서 공을 놓치면 안 되지만 공만 집착하면 허무주의가 됩니다.

사회적 활동이 다인 줄 아는 것도 수행이 다인 줄 아는 것도 틀렸어요. 수행이 제일 중요하지만 사회적 책임도 정말 중요합니다.

불교는 지혜(공)와 방편(자비)입니다. 형식과 핵심이 같이 있어야 합니다. 속제(상대적 진리)와 진제(궁극적 진리)가 둘이 아닙니다. 고통도 해탈도 있는 것은 아니지만 없는 것도 아닙니다.

성격은 바꿀 수 없어요

성격은 바꾸는 게 아니에요. 바꿀 수도 없어요. 자기 아닌 사람이 되려고 하지 마세요. 자기 성격으로 사는 거예요.

자기 자신을 알게 되면 더 나은 자신이 됩니다. 성격은 바꿀 수 없지만 더 부드럽고 유연하고 열려 있는 자신으로 살 수 있어요.

진정한 자비심

삶에서 진정 무엇을 원하는지 마음이 명확해지면 삶도 명확해집니다. 마음에 따라 삶이 움직입니다. 의도가 명확한 사람은 이루지 못할 게 없고 하늘이 도와줍니다.

오지랖이 자비심이 아닙니다. 자비심을 집착하는 것이 오지랖입니다. 때로는 내버려 두는 게, 아무도 안 하는 게 자비심입니다. 때로는 냉정하고 엄격합니다.

지혜가 없는 자비심은 어리석고 자기 한계를 모르는 자비심은 무리이고 내가 한다고 하는 자비심은 집착입니다. 진정한 자비심은 공평하고 집착이 없고 명료합니다.

중요하지 않은 것과 중요한 것

행복하게 사는 게 중요하지 않아요. 제정신으로 사는 게 중요해요. 무슨 일이 일어나는 것은 중요하지 않아요. 일어나는 일을 어떻게 받아들일지가 중요해요.

타고난 업은 중요하지 않아요. 업을 알아차리는 것이 중요해요.

일어나는 생각과 감정은 중요하지 않아요. 생각과 감정을 대하는 방식이 중요해요.

고통이 있는 것, 몸이 안 좋은 것, 돈이 없는 것, 욕을 먹는 것은 중요하지 않아요. 마음의 자세 즉 태도가 중요한 거예요!

엉뚱한 것에 중요성을 두지 말고 중한 것에 중요성을 두세요.

고통은 생각에 중요성을 두어서 있는 겁니다. 행복은 알아차림에 중요성을 두어서 있는 겁니다. 그리고 자기 행복이 중요하지 않고 타인의 행복이 중요하면 정말 행복합니다.

가슴에 한이 없어야

화가 나는 것은 괜찮아요. 때로는 화를 표현하는 것도 필요해요.
짜증 나는 것도 불만이 있는 것도 어쩔 수 없어요. 때로는 비판이 필요
해요.
살다 보면 답답하고 실망하기 마련이에요.
하지만 붙잡고 있는 게 안 좋아요. 분노가 나쁜 게 아니라 가슴에 품는
게 안 좋아요. 분노는 유용할 때가 있지만 원망은 쓸모가 없어요. 비판
해야 할 때가 있지만 앙심은 병이 돼요. 실망하는 것은 당연하지만 악
의는 품지 마세요.
순간적으로 감정이 일어나고 표현하는 것은 괜찮지만 갖고 다니지 마
세요. 오래 가는 게 안 좋아요. 영원히 미운 것은 마음을 썩게 해요. 가
슴에 한이 없어야지 행복할 수 있어요.

기꺼이 괴로운 것

괴롭지 않고 싶어서 괴로운 거예요. 고통이 싫어서 고통스러운 거예요. 괴로워도 되는 게 해탈입니다. 고통이 있어도 되는 게 해방입니다. 슬퍼도 불안해도 욕먹어도 몸이 안 좋아도 괜찮은 게 자유입니다. 행복하지 않아도 되는 게 평화입니다.

괴로워도 되면 괴롭긴 하지만 참 고마운 괴로움이에요. 괜찮은 괴로움이에요. 정화하는 괴로움이에요. 어차피 아픈데 받아들여서 아픈 것은 카타르시스입니다. 느낌이 달라요. 기꺼이 괴로운 것, 이게 해방입니다.

알아차림을 꼭 배우십시오

가장 필요하고
가장 배워야 하고
가장 연습할 것은
알아차림입니다.
알아차림은
알면서 말하고
알면서 차 마시고
알면서 걷고
알면서 생각하고
알면서 먹고 자는 겁니다.
알아차림은
모든 경우에
자유를 주고
여유를 주고
도움이 됩니다.

알아차림 없이 어떻게 살아요?
살 수 없어요.
삶이 고달픈 이유는
사람이 힘든 이유는
알아차림이 없기 때문입니다.
알아차림은
휩쓸려 가지 않는 것
당황하지 않는 것
정신을 차리는 것
깨어 있는 겁니다.
알아차림을 꼭 배우십시오.
삶의 중심이 되어야 합니다.

죽음이 다가오기 때문에

몸이 죽을 때 에고도 같이 죽어요.
에고는 형태(나타나는 것)를 집착하는 것이기 때문입니다.
몸이 자기인 줄 알고
이름이 자기인 줄 알고
감정이 자기인 줄 알아요.
자기인 줄 아는
모든 것이 없어지기 때문에
엄청 두렵고 고통스러워요.
미리 죽으면 죽지 않아요.
자기라고 생각하는 모든 재산과 이름과 인연에 대한 집착을 버리면
죽음을 평화롭게 자신 있게 맞이할 수 있어요.
몸을 집착하는 만큼, 재산을 집착하는 만큼,
명예를 집착하는 만큼, 친척과 친구를 집착하는 만큼,
바로 그만큼 죽음이 고통스러워요.
자기에 대한 집착을
버리면 잘 죽을 수 있어요.
이생을 위해 사는 것은 헛된 삶입니다.
죽음이라는 도둑이
그런 것을 훔쳐 가기 때문입니다.
이생에 대한 집착을 닦는 것이 수행의 핵심입니다.
자기라고 생각하는 모든 것이
덧없고 실체가 없다는 본질을 깨우치는 겁니다.
무색수상행식(나가 없다)
무안이비설신(현상도 없다)
이것을 깨우쳐야 합니다.
모든 수행 체험은 임사체험입니다.

에고와 분리돼서 참본성의 빛을 맛보게 됩니다.

죽음은 세상에서 가장 밝은 빛입니다.

에고가 두려워하는, 에고가 감당하기 어려운 참본성의 찬란한 빛입니다.

자기라고 생각하는 모든 것에 대한 집착이 없을 때 드러나는

눈부신 사랑의 빛입니다.

가장 긴급하고 중요한 일은

죽음을 준비하는 겁니다.

집착을 버리고

참본성을 알아가는 겁니다.

이게 바로 명상입니다.

죽음이 다가오기 때문에

명상을 하십시오.

죽음을 생각하지 않으면

이생을 허비하게 됩니다.

마음을 비우면

감사하면 행복할 것이고
이해하면 자비로울 것이고
조심스러우면 깨어 있을 것이고
반복하면 배울 것이고
꾸준히 하면 변할 것이고
마음을 비우면 알 것이고
몸을 움직이면 할 것이고
간절하면 될 것이고
마음먹으면 못 할 것이 없을 것이다.

궁둥이를 방석에 붙이고 싶어요

인류를 위해서 할 수 있는 가장 도움이 되고 고상한 일은 방석에 앉아서 기도와 명상을 하는 겁니다. 사회를 위해서 지구를 위해서 친구를 위해서 스승을 위해서 할 수 있는 최상의 일은 방석에 앉아서 마음을 고요히 하는 겁니다.

한 사람이 무명에서 깨어나면 파급효과가 엄청납니다. 남을 도울 수 있는 범위가 넓어지고 저절로 남에게 세상에 도움이 됩니다. 기도와 좌선보다 더 훌륭한 사회활동이 없어요.

자기를 돕는 게 세상을 돕는 겁니다. 자기에게도 도움이 안 되는 사람이 누구에게 도움이 되겠어요? 불교에서는 순서를 중요시합니다. 자기 먼저 깨어나서 남들도 깨어나게 하는 겁니다. 구명조끼도 자기 것 먼저 착용하고 자식 것을 착용하게 하잖아요.

순수한 동기로 사회활동 하시는 분들은 너무 훌륭하고 찬탄할 만합니다. 그런데 많은 경우에 스스로 행복하지 못합니다. 삶의 덧없는 본질을 알고 사회를 돕는 게 맞아요. 스스로 행복하고 남을 행복하게 하는 게 맞아요.

요즘 불교가 많이 약해지고 세속과 불교와 함께하려고 합니다. 물과 기름을 섞을 수 없듯이 잘되지 않아요. 회의를 많이 느끼고 결국은 틀어져요. 수행이 중심이 되어야 합니다.

저는 남은 평생 꼼짝 말고 궁둥이를 방석에 붙이고 싶어요. 지금은 못 하고 있지만 그런 날이 하루빨리 오기를 발원합니다.

알아차림의 중요성

어디에 있어도 무엇을 하더라도 지속해서 알아차림을 참고해야 합니다. 유일하게 참고할 것이 알아차림입니다.

지혜롭게 말과 행동을 하기 위해 알아차림이 있어야 합니다. 알아차림 없이 습관적으로 생각과 말과 행동을 하기 때문입니다. 자동 모드(무의식)로 살지 않고 자기 의지로 사는 게 알아차림입니다.

알아차림은 멈춤입니다. 더 이상 생각을 안 해도 되고 마음을 고치지 않아도 되고 아무것도 안 해도 된다는 겁니다. 알아차리면 무슨 말과 행동을 해야 할지 직관적으로 알게 됩니다. 알아차림의 암호는 지혜입니다.

다른 사람과 같이 있을 때 가장 중요한 것은 말입니다. 알아차리면서 하는 말은 신선하고 살아 있어요. 100번 1000번 한 말을 똑같이 하는 게 아니라 상황에 맞는, 살아 있는 말을 하게 됩니다.

혼자 있을 때 가장 중요한 것은 생각입니다. 알아차림 없이는 생각이 이어가서 이런저런 스토리를 만들어내어 마음을 복잡하게, 힘들게 합니다.

계속 알아차림을 확인하고 참고해야 합니다. 유일하게 살길이며 모든 게 알아차림에 달려 있어요. 알아차림의 중요성을 알아 매순간 지극히 간절하게, 조심스럽게 마음을 받들어야 합니다.

마음 하나만 닦으면

자신을 알고 싶으면 강아지를 보세요. 사랑스러워요? 자신이 그런 거예요. 답답해요. 자신이 그런 거예요.

자신을 알고 싶으면 주변 사람들을 보세요. 사랑스러워요? 훌륭해요? 자신이 그런 거예요. 최악이에요? 못 됐어요? 자신이 그런 거예요.

다른 사람도 강아지도 세상도 투영입니다. 마음은 프로젝터입니다. 밝은 삶은 밝은 마음입니다. 사랑스러운 인연은 사랑스러운 마음입니다. 남을 보는 눈으로, 세상을 보는 눈으로 자신을 알 수 있어요.

부처님의 눈에는 극락정토가 보이고 중생의 눈에는 지옥 같은 한국이 보여요. 부처님이 거울을 볼 때는 부처님이 보이고 중생이 거울을 볼 때는 슬픈 사람이 보여요. 마음 하나만 닦으면 세상도 사람들도 자신도 다르게 보입니다.

수행의 그릇

이생에 고통의 주요 원인은 자기 그릇을 모르는 겁니다. 사람마다 타고난 그릇이 있어요.

돈을 담을 수 있는 자기만의 그릇이 있어요. 돈을 벌려고 평생 노력해도 자기 그릇보다 더 담을 수 없어요. 직업도 명성도 지위도 자기만의 그릇이 있어요. 자기 그릇보다 더 원하는 것이 욕심이며 평생 따라다니는 고통입니다.

자기 그릇에 만족하고 감사한 게 행복의 비결입니다. 자기 그릇을 알면 복이 이미 많다는 것을 알게 돼요. 자기 그릇을 키우려면 공덕을 쌓아야 합니다. 많이 베풀고 다른 사람을 도우면 미래 생에 더 큰 그릇으로 태어납니다.

그릇 중에 수행의 그릇이 가장 중요합니다. 부처님의 가르침을 이해하고 좋아하고 수행할 수 있는 그릇을 키워야 합니다. 이생에 담아갈 수 있는 만큼 담아가고 다음 생에 더 큰 그릇으로 태어나서 해탈해요!

Relax!

기도의 핵심은 뭘까요? 불성을 일깨우는 겁니다.
명상의 핵심이 뭘까요? 불성을 일깨우는 겁니다.
관정이 뭘까요? 불성을 일깨우는 겁니다.
이생에 가장 중요한 해야 할 일이 뭘까요? 불성을 일깨우는 겁니다.
불성이 뭘까요? 고요하고 명료한 마음의 본성입니다.
불성을 어떻게 일깨웁니까?

Relax!
기억하지 마라. 지나간 것을 놓아라.
상상하지 마라. 앞으로 올 것을 놓아라.
생각하지 마라. 이 순간의 일을 놓아라.
분석하지 마라. 무엇을 알아내려고 하지 마라.
통제하지 마라. 무엇을 하려고 하지 마라.
쉬어라. 이 순간에 편안하게 쉬어라.

– 띨로빠

지혜는 왼손, 방편은 오른손

오른손과 왼손, 둘 다 필요한 것처럼 지혜와 방편이 같이 있어야 합니다.

지혜는 왼손, 공성, 내려놓음, 마음 비우기, 구체화하지 않기, 뭘 만들지 않기, 알아차림, 궁극적인 측면을 의미합니다.

방편은 오른손, 자비, 처신, 바른 생각과 말과 행동, 인과를 존중하는 것, 상대적인 측면을 의미합니다.

불교의 중심은 지혜이지만 지혜를 따르는 신중한 행동이 필요합니다. 지혜만 집착하면 무기력하고 무의미한 허무주의가 됩니다. 방편만 집착하면 마음이 좁아지고 굳어지고 쉽게 화가 납니다.

지혜는 허공처럼 걸림이 없고 무한하지만 행동은 보릿가루처럼 섬세해야 한다고 파드마삼바바께서 말씀하셨습니다. 지혜가 깊을수록 몸과 말과 마음을 조심스럽게 받들게 됩니다. 결국 지혜와 방편이 둘이 아니라는 것을 알게 됩니다.

불교에서 말하는 폭력, 혐오, 고통, 장애란?

불교에서 말하는 폭력은 생각을 집착하는 겁니다. 불교에서 말하는 혐오는 생각을 이어가는 겁니다. 불교에서 말하는 고통은 머릿속에 갇혀있는 것입니다. 불교에서 말하는 장애는 생각이 많은 겁니다.

불교에서 말하는 비폭력은 생각을 굴리지 않는 겁니다. 불교에서 말하는 친절은 허용하는 겁니다. 불교에서 말하는 자유는 있는 그대로 두는 겁니다. 불교에서 말하는 해탈은 생각을 쉬는 겁니다.

불교의 3가지 의도

의도가 행동을 만들고 행동은 습관을 만들고 습관은 인격을 만들고 인격은 운명을 만든다고 합니다. 불교의 3가지 의도를 소개합니다.

출리심의 의도는 죽을 운명을 알아차려서 시간을 낭비하지 않고 수행하겠다는 겁니다. 의도의 힘으로 게으름에서 벗어나 시간을 잘 활용하게 됩니다.

보리심의 의도는 모든 중생에게 마음을 열고 따뜻하고 친절한 관심을 두는 겁니다. 모든 중생의 해탈과 행복을 책임지는 겁니다.

참본성의 의도는 한순간도 산란하지 않고 항상 깨어 있겠다는 겁니다. 의도의 힘으로 많이 깨어 있을 수 있어요. 의도가 없으면 습관적으로 생각을 굴리고 알아차리지 못해요.

의도에 따라서 삶이 이어집니다. 의도를 짧게 자주 명확하게 하면 따라서 말과 행동을 하게 됩니다. 의도가 경험을 만듭니다. 의도의 힘이 놀라워요. 결국 의도가 운명을 만듭니다.

마음을 빼앗긴다는 것은

감각적인 즐거움이 안 좋은 것은 마음을 빼앗기기 때문입니다. 오락과 여흥이 안 좋은 것은 마음을 빼앗기기 때문입니다. 마음을 흐리게 하는 것으로 윤회합니다. 마음을 빼앗긴다는 것은 시간을 빼앗긴다는 것입니다. 결코 돌이킬 수 없는, 삶의 진수가 시간입니다. 시간을 잘 활용하십시오.

부록

보리심 발원문

보호가 필요한 이에게 보호자가 되며,

길을 가는 이에게 안내자가 되며,

강을 건너는 이에게 배가 되고, 뗏목이 되고, 다리가 되게 하소서.

땅을 찾는 이에게 섬이 되며,

빛을 찾는 이에게 등불이 되며,

쉬고자 하는 이에게 쉴 자리가 되며,

종이 필요한 이에게 종이 되게 하소서.

모든 중생 위하여

여의주가 되며, 행운의 항아리가 되며, 힘있는 주문이 되며,

최고의 약이 되며, 소원을 이루어 주는 나무가 되며,

풍요의 소가 되게 하소서.

대지와 같은 요소처럼 늘 있는 허공처럼

한량없는 중생들이 생존하는 바탕이 되게 하소서.

끝이 없는 허공에 존재하는 헤아릴 수 없는 중생들이

고통에서 벗어날 때까지

그들 생명의 근원이 되게 하소서.

알려드려요

'보리심 발원문'을 필사한 후 발원 내용을 적어서 세첸코리아(우편번호 03041
서울시 종로구 사직로 101 필운빌딩 7층에 보내주시면 정성스럽게 불단에 올려
드립니다.

발원 내용

날짜 :

이름 :